쉐프 아이크 황의
시선으로 바라본 미국

쉐프 *Ike Hwang* 의 시선으로 바라본 미국

San Francisco Los Angeles **New York**
Napa Sonoma Seattle Las Vegas *Louisiana*
VAN NESS AVE Eddy St Fillmore St Manhattan
Beer Cheese Apple pie Chicken
Restaurant Business K-food Coffee

황익주 지음

이 책을 읽기 전에

내가 이 책을 쓰게 된 것은 어느 날 우연히 보게 된 한국의 어느 한 다큐멘터리 때문이었다. 단군 이래 가장 똑똑하다는 대한민국의 청년들이, 어쩔 수 없이 자신들의 꿈을 포기하고 좁은 취업의 문을 통과하기 위해 끊임없이 경쟁한다는 내용이었다.

나는 이십여 년 전 미국으로 떠나 생활하며 이젠 대한민국의 모습을 조금은 더 객관적으로 볼 수 있게 되었는데 그때와 달라진 게 없다는 점이 너무나 안타깝다. 솔직히 그때보다 더 힘들어졌다는 표현이 맞을 듯싶다. 우리나라 청년 개개인은 정말 우수한 인재들인데 무한경쟁을 해야 하는 모습들은 언제쯤 끝날 수 있을까?

물론 미국도 치열한 경쟁이 일상이기는 하다. 하지만 한국처럼 인생에서 한 번만 삐끗해도 다시는 일어나지 못하는 그런 살얼음판을 걷는 삶을 살지는 않는다. 한국 청년들만큼 열심히 일하고 노력하는 사람들에게 시야를 좀 넓혀주고 싶다는 나의 작은 욕심이 이 책의 시작이었지 않나 싶다.

열심히 노력하는 친구들에게 "하면 왜 안 되겠냐?", "노력이 부족해서 그렇다"고 하는 것은 정말 잔인한 말이다. 그들이 그렇게 진심으로 노력했는데도 불구하고 무언가 뜻대로 되지 않는다면 그건 사회 시스템의 문제가 아닐까 싶다.

비난보다는 조언을… 그리고 그들보다 살짝 인생을 더 살아본 나의 경험을 공유해 그들의 시야를 넓혀주고 싶었다. 한국에서 똑똑한 친구들끼리 경쟁해보다가 잘 안 되면 차선책으로 해외로 시선을 돌려보는 것은 어떨까?

이곳 미국에서 느끼는 것이지만 한국 청년들을 쓰고 싶어 하는 한인 사회 내 직장은 널리고 널렸다. 내가 속한 외식산업 쪽은 특히 더하다. K-푸드 열풍을 타고 한국 식당을 차리고 싶은데 한국 음식을 할 줄 아는 요리사를 구할 수 없어 고생하는 오너들이 많다.

나는 이 책을 통해 미국의 요리를 햄버거나 피자 정도로만 아는 한국의 젊은이들에게 미국의 요리가 세계의 요리라는 점을 알려주고 싶다. 우리는 모두 알고 있다. 미국의 기술, 미국의 금융, 미국의 산업과 서비스가 세계를 선도하고 있다는 것을. 나는 미국의 음식문화가 어떻게 비즈니스가 되고 세계를 이끌어 가는지를 낱낱이 들려주고 싶다.

한국의 유능한 젊은이들이 해외에 정착할 뿐만 아니라 사업을 성공시키고 한국의 문화를 널리 전파하고 알리는 데 나의 이야기가 조금이나마 도움이 되기를 바란다.

서문

나는 스스로를 쉐프라고 부르지 않았다

나는 스스로를 쉐프라고 부르지 않았다. 쉐프(Chef)는 영어 치프(Chief)의 프랑스어 버전으로 요리업계에서 가장 높은 지위를 갖고 있기 때문이다. 나는 쿡(Cook)이란 표현이 더 정감이 간다. 25년 전, 처음 요리를 접할 때의 초심을 잃지 않기 위해 매 순간 최선을 다하는 내 모습을 응원하기 때문이다.

나와 오랫동안 알고 지낸 메리어트 호텔의 수석 쉐프 세르지오 씨가 호텔에서 열리는 행사의 일식 파트를 맡기고 나서 내게 진심이 담긴 이야기를 해준 적이 있다.

"아이크는 쉐프가 뭐라고 생각해요?"

갑자기 잡힌 일정과 많은 초대 손님(700명)으로 인해 불가능하다고 여겨졌던 짧은 준비 시간에도 불구하고, 내가 일식 파트를 전담해 무사히 행사를 끝낸 것을 직접 봤던 그는 경이로운 눈빛으로 물었다. 난 1초의 망설임도 없이 이렇게 대답했다.

"책임지는 사람이죠. 모든 것을 다 짊어진다는 책임. 고객의 식사 경험을 시작부터 끝까지 책임지겠다는."

세르지오 씨는 "그럼 그렇지!" 하며 만면에 웃음이 가득했다.

쉐프는 요리의 마에스트로, 선장이자 총사령관이다. 지휘봉을, 운전대를, 지휘권을 가졌다면 그건 책임을 지라는 뜻이다. 메뉴를 개발하고 레서피를 검토하고, 식자재를 점검한다. 여기에 투입되는 인력을 배치하고 시간 관리와 철저한 위생으로 음식을 만들어낸다. 그리고 무엇보다 중요한 것은 수백, 수천 명의 분량도 모두 동일한 품질로 제때 고객에게 제공해내는 것이다. 이 과정이 일사불란하게 움직여 갈 때 비로소 이를 책임졌던 사람을 쉐프라고 부를 수 있다.

메리어트 호텔에서 열린 행사를 성공적으로 책임져주자, 소문을 들은 경쟁업계 힐튼 호텔에서 연락이 왔다. 이번엔 1,000명이 조금 넘는 숫자였다. 1,000명 분의 초밥, 알다시피 초밥은 미리 만들어두면 다 말라서 맛이 떨어진다. 그래서 초밥의 신선도를 유지하는 방법, 마지막 피날레에 혼신의 힘을 쏟는 열정과 기술이 무엇보다 중요하다.

매년 케이터링을 담당하던 페이스북에선 오히려 구글의 식음료

책임자를 소개해주기도 했다. 그리고 소문은 넷플릭스, 아마존, 최근 AI 업계의 판도를 뒤흔들고 있는 앤트로픽 AI까지로 이어져 계속 주문이 들어오고 있다. 지금도 이들 기업은 매주 또는 매월 나와 메뉴에 대해 회의를 하며 그들의 팀원들에게 최고의 요리를 대접해주기를 고대한다.

하지만 내가 스스로 경계하는 면도 있는데, 바로 무리한 확장으로 인해 기존 고객에게 피해를 끼치는 것이다. 팬데믹 말기, 급속도로 늘어난 항공 여행객으로 인해 기존 케이터링 업체의 기내식 생산량이 부족해지자 유나이티드 항공(스타얼라이언스)의 기내식 납품처에서 연락이 왔다. 그들의 비즈니스 기내식을 한동안 납품해주면 '스타얼라이언스'의 모든 항공기에 기내식을 납품할 수 있도록 해주겠다는 제안이었다. 그들과의 오랜 회의와 몇 주간의 긴 검토 끝에 나는 이 기회를 정중히 거절했다. 다년 계약에 안정적인 납품처, 인지도나 신뢰도 면에서 최상급의 서비스 계약이었지만 여기에만 매달릴 경우 기존 고객들에게 피해를 줄 우려가 컸기 때문이다.

디비전 리그 진출팀이 결정되는 중요한 경기를 앞둔 메이저리그 야구팀의 요청도 정중히 거절했다. 할리우드 스타를 비롯해 VIP급이 총출동하는 큰 이벤트였지만, 그보다 규모는 작아도 그날은 다년간 우리의 단골 고객에게 먼저 서비스를 제공하기로 약속했기 때문이었다.

색소폰은 오케스트라에 초대받지 못한다. 울림이 너무 큰 음역대라서 조화가 잘 안 되기 때문이다. 한편 프로 연주자들은 악보를 달달 외우고 있어도 그 악보를 보면서 연주를 한다. 단 한 번의 실수도 용납하지 않겠다는 연주자들 자신과 관객과의 신뢰 때문이다.

힐튼과 메리어트 수석 쉐프들이 늘 내 이름 앞에 붙여줬듯이, 이제 나는 쉐프라는 무게를 견딜 수 있게 되었다.

'쉐프가 되고 싶은 자, 높은 조리모의 무게를 견뎌라.'

프롤로그

자신감과 뻔뻔함, 매장을 여는 생활의 달인

나는 미국 샌프란시스코에서 일식당과 출장 급식(한국과 미국은 약간 미묘한 어감 차이가 있어 케이터링이라는 표현이 더 잘 어울릴 듯싶다), 치킨 업체를 운영하는 오너 쉐프이자 가장이다.

대한민국에서 나는 주방에서 일과를 시작하고 끝내는 평범한 직장인이었다. 대학 호텔조리과에 재학 중일 때 시작한 '노보텔 앰배서더'에서의 주방 실무를 시작으로 연회 사업부, 식음료 부서에서 경력을 쌓았다. 선배 조리사님들보다 조금 더 컴퓨터를 잘 다룬 덕분에 어깨너머로 유통과 관리 등 외식경영 업무를 덤으로 익힐 수 있었다.

대학 졸업 후, 강남 센트럴시티에 문을 연 국내 최초의 초밥 뷔페인 '무스쿠스' 창립 멤버로 참여한 것을 시작으로 본격적인 쉐프의 길을 걷게 되었다. 여의도의 고급 레스토랑에서는 이탈리아와 프랑스 요리를 배웠고, 경기도 화성에 있는 '롤링힐스 호텔'의 오픈 멤버로 참여했다.

미국으로 건너와서도 여전히 '창립 멤버'라는 꼬리표가 나를 항상 따라다녔던 것 같다. 보통 처음 오픈하는 레스토랑은 준비 단계부터 첫 매출을 내기까지가 너무 힘들어서 보통 쉐프들이 제일 가기 싫어하는 곳이 바로 '레스토랑 오픈의 세계'다.

나는 한국, 미국을 가리지 않고 운명처럼 달려왔고 그 덕분에 남들보다 앞서 요식업의 생리를 깨달은 듯도 싶다. 미국에 처음 발을 내디뎠을 때의 어색함과 두려움이 아직도 생생히 기억난다. 샌프란시스코 공항 입국 심사관에게 영어가 잘 들리지 않아 횡설수설했던 굴욕감. 그리고 입국 심사대를 무사히 빠져나올 때의 묘한 안도감까지도….

그때의 나는 내가 미국에 정착해서 이민이라는 선택을 할 줄은 상상조차 하지 못했다. 물론 한국에서 많이 듣고 봤던 '아메리칸 드림'이라는 것이 내게도 찾아올 수 있지 않을까 하는 상상은 많이 해보았었지만 말이다. 그런 막연했던 상상과 기대는 결국엔 이루어졌다. 아직 갈 길은 멀지만 말이다.

조리사로서 미국에서 성공하는 방법을 묻는 사람들이 주변에 꽤 많이 있다. 미슐랭 스타 레스토랑에서는 어떻게 일을 할 수 있는지, 연봉은 어떻게 되는지, 영어는 어떤 식으로 공부했는지 등등.

그런데 내가 미국에 살면서 느꼈던 이민자로서 성공하는 방법은 생각보다 간단하다. 바로 자신감과 약간의 뻔뻔함이다. 여기 현지 주방에서 일하며 만나는 요리사들을 보면 거의 극과 극의 기술을 가지고 있다. 실력이 좋은 친구들도 많이 있지만, 조금이라도 무엇을 할 줄 알면 그것을 과대 포장해서 상대방에게 정말 잘한다고 착각하게 만드는 경우도 많다.

그렇다고 사기는 아니지만 당장 요리사를 고용해서 급여를 줘야 하는 고용주 입장에서는 난감할 수밖에 없는 노릇이다. 일단 같이 일을 시작해놓고 "나는 내가 그거 할 수 있을 줄 알았어"라며 미안하다는 말 한마디 없이 뻔뻔하게 구는 당당함. 우리나라 사람들 같으면 최소한 미안해하기라도 했을 텐데 말이다.

내가 한국 호텔에서 근무할 때는 정말 열심히 하는 친구들이 많았다. 그리고 모두 선배들에게서 한가지라도 더 배우려는 열정도 대단했었다. 그런 친구들이 여기에 온다면 무조건 성공할 것이다. 그깟 언어의 장벽이야 부딪히면서 배우면 되니깐 말이다. 주방에서 조리용어와 식재료 정도만 영어로 할 줄 알면 한국인들의 눈치로 금방 따라잡을 수 있으리라 확신한다.

처음 미국에 와서는 나도 매우 막막했었다. 특히 누군가의 도움 없이 혼자서는 더 힘들었을 듯싶다. 다행히 나에게는 일 년 반 동안 물심양면으로 도와주신 매형과 누나의 존재가 있었다. 덕분에 이제는 어느 정도 미국에서 자리를 잡았다고 생각한다.

　이제는 내가 누군가를 도와줄 차례인 듯하다. 2년 전에는 코로나 시국임에도 불구하고 우리 레스토랑에서 일하던 쉐프에게 영주권을 받게 해줬다. 기회가 되고 열심히만 일한다면 미국은 우리의 꿈을 이루기에 최적의 장소다. 어차피 우리 조리사들은 칼 한 자루만 있으면 어디서든 먹고살 수 있지 않은가. 성공해도 실패해도 우리 곁에 칼 한 자루는 남는다. 모두 자신감 있게 뭐라도 도전해보자.

미국 샌프란시스코에서
황 익 주

CONTENTS

이 책을 읽기 전에 ·004

서문 나는 스스로를 쉐프라고 부르지 않았다 ·006

프롤로그 자신감과 뻔뻔함, 매장을 여는 생활의 달인 ·010

I. 와인을 알면 서양 요리를 알 수 있다

1. 파리의 심판 ·018 | 2. 코르크 마개, 전통과 혁신의 사이 그 어딘가에 ·026 | 3. 나파 밸리와 소노마 밸리 ·033 | 4. 와인을 여는 순간 우리는 특별한 사람이 된다 ·038 | 5. 와인, 이것만은 알아두자 ·041 | 6. 인류의 간판 요리, 스테이크 ·047

II. 세계의 요리 이야기

1. 요리의 힘 ·054 | 2. 우리나라의 음식 이야기 ·060 | 3. 세계 3대 진미, 중국 요리 이야기 ·069 | 4. 용광로 같은 미국 요리 이야기 ·084

Ⅲ. 미국이라는 나라

1. 미국 건국의 아버지들에 대하여 •108 | 2. 한 국가의 유산, 르네상스 맨들 •111 | 3. 작전명령, 마지막 라이언을 구하라! •115 | 4. 전기차 브랜드 테슬라와 인간 테슬라 •120 | 5. 혁신의 또 다른 이름 •126 | 6. 푸드테크 전성시대 •132 | 7. 항룡유회(亢龍有悔) •136

Ⅳ. 쉐프의 시선으로 바라본 미국

1. 미국에서 우리를 바라보는 시선들 •144 | 2. Hello, America! •148 | 3. 미국의 X세대도 낀 세대다 •151 | 4. 유대인들의 성인식은 그들만의 리그다 •154 | 5. K-푸드, 미국을 뒤흔들다 •158 | 6. 제2의 디트로이트, 샌프란시스코 •162

Ⅴ. 아이크의 아메리칸 드림

1. 아메리칸 드림, 미국에서 사업하기 •170 | 2. 내 이름을 건 간판을 걸다 •177 | 3. 아이크의 일식 주방(Ike's Japanese Kitchen)의 탄생 •182 | 4. 코시국에 식당 비즈니스로 살아남기 •187 | 5. 숫자 '1'의 달라진 의미 •191 | 6. 쉐프들의 고질적인 직업병에 걸리다 •196 | 7. 간헐적 단식에 들어서다 •202 | 8. 영양학적으로 간헐적 단식은 괜찮은가 •207 | 9. 커피 한 잔의 역사 •211 | 10. 커피, 세상의 입맛을 지배하다 •216 | 11. 커피의 과거와 현재 그리고 앞으로의 전망 •219 | 12. 미국 MZ세대가 사랑하는 음료, 보바티 •223 | 13. 셀처, 세계의 맥주 판도를 바꿔버리다 •228

에필로그 당신의 아메리칸 드림을 응원하며 •232

I.
와인을 알면
서양 요리를 알 수 있다

와인을 잘 몰랐던 내가 가장 무난한 카베르네 소비뇽을 골라 마시기 시작했던 것은 아마도 처음을 어렵게 시작한 사업에 대한 반발 때문이 아니었을까. 카베르네 소비뇽 역시 내게는 그런 무난한 처녀작인 셈이다.

1. 파리의 심판

영국 런던의 내셔널 갤러리에는 '페테르 파울 루벤스(Peter Paul Rubens)'의 걸작이 하나 걸려 있다. 황금 사과를 손에 든 꽃미남 사내 한 명이 세 여신 중 가장 아름다운 여신을 선택하는 장면이다. 이 세 여신은 각각 제우스의 아내이자 신들의 여왕으로 불리는 헤라, 우리에게 비너스라는 이름으로 더 유명한 미(美)의 여신 아프로디테, 그리고 지혜의 여신 아테나. 꽃미남 사내의 이름은 트로이 전쟁의 발단이 된 파리스.

파리스는 세 여신 중 아프로디테에게 황금 사과를 바쳤고, 그 보상으로 세상에서 가장 아름다운 여성을 쟁취하게 되는데 그녀는 바로 스파르타의 왕 메넬라오스의 아내 헬레네였다. 분노한 메넬라오스는 빼앗긴 아내 헬레네를 되찾기 위해 트로이 전쟁을 일으키게 된다. 물론 신화의 이야기다.

아름다운 여성을 취하고 싶다는 수컷의 본능은 인류가 존재하는 한 계속된다. 파리스에게는 가장 큰 권력을 주겠다는 헤라의 약속도, 모든 전투에서 이기게 해주겠다는 아테나의 약속도 다 필요 없었다. 끌리는 이성을 사로잡고 싶은 게 인간의 본성이다.

내가 미국을 처음 찾았을 때는 2007년으로 거슬러 올라간다. 태평양을 타고 넘어온 차가운 바람과 푀엔 현상 때문에 빠른 속도로 움직이는 구름을 바라보며 나는 한동안 생각에 잠겨 있었다. 구름이 몰려가 부딪히며 흩어지는 곳에 바로 샌프란시스코의 명물인 금문교(Golden gate Bridge)가 있었다. 이 아름다운 건축물이 구름에 완전히 가려 주탑만 보이는 장관은 내가 진정 미국에 왔음을 실감케 했다.

세계 3대 미항으로 불리는 샌프란시스코의 피어 39에 있는 '부댕(Boudin)' 베이커리. 그곳에서 맛보는 클램 차우더 수프는 독특한 매력이 있다. 클램 차우더 수프를 주문하면 직접 구운 사우어 도우 빵을 같이 제공하는데, 빵의 속을 파내 빵 자체를 그릇으로 삼아 그 속에 수프를 채워준다. 프랑스의 프렌치 어니언 수프와 비슷하다. 부댕의 사우어 도우는 빵의 크기뿐 아니라 촉촉한 속살에 딱딱한 껍질, 말 그대로 '크럼브(Crumb)'와 '크러스트(Crust)'를 가장 적절하게 배합해 강렬한 효모 냄새를 풍겨 일품이었다.

2012년 JTBC 방송국 PD와 같이 '쇼킹 70억이 사는 법'이라는 프로그램을 촬영했다. 나는 샌프란시스코 현지 코디네이터로 함께하며 성 소수자들에 대한 인터뷰와 샌프란시스코 맛집들을 소개했다. 그때 우리는 부댕 베이커리를 방문해 총지배인의 안내에 따라 빵 공장을 견학했다. 그를 따라 나와 PD가 함께 뒤따르며 2층에 연결된 검은색의 철제 계단을 어렵게 올라갔다.

총지배인은 우리를 금고같이 생긴 방으로 안내했다. 마치 소중한 금은보화가 있는 듯 조심스럽게 금고의 문을 열고, 과장된 몸짓으로 얼른 안으로 들어가 보라며 특별히 쉐프인 나를 위해 보여주는 것이라고 말했다.

그 안에서는 발효 중인 '르방(Levain)'이 통마다 가득 차 있었다. 르방은 사우어 도우 빵을 만들 때 쓰는 천연 발효종으로 막걸리와 비슷한 향을 낸다. 부댕에서는 만일에 대비해 세 곳에 따로 보관하고 있다고 했다. 그 르방의 나이가 160년이나 되었다는 자부심 어린 총지배인의 말에 PD는 그곳을 카메라 담느라 여념이 없었다.

부댕 베이커리 앞 길가에는 베이커들이 부댕의 빵을 직접 반죽하는 모습을 관광객들에게 보여주는 통유리로 만들어진 쇼룸이 있다. 그곳에서는 귀여운 미키 마우스 모양, 악어 모양 등 다양한 모양의 빵을 만드는데 어린 고객들을 포함한 관광객들은 그것을 재미있게 구경한다. 또 헤드셋을 낀 베이커가 관광객들과 재밌게 서로 소통을 한다. 우리나라 사람들도 이런 이벤트를 참 잘하는데 이곳 부댕과 같은 콘셉트를 도입하면 어떨까 고민을 해본다. 오픈 키친과는 다른, 새로운 이벤트로 인해 베이커리 광고 효과와 호객 효과가 자연스럽게 이어진다.

샌프란시스코 하면 '와인'을 빼놓을 수 없다. 20년 전만 해도 실상 와인은 우리 세대가 한국에서 쉽게 볼 수 있는 주종은 아니었다.

한국에서 막걸리가 국민 술로 자리매김할 당시인 1977년에 롯데에서 내놓은 '마주앙(Majuang)'이란 와인이 있긴 했다. '마주 앉아 마신다'는 우리말식 발음과 프랑스어의 느낌을 잘 섞어놨다. 마주앙은 화이트 와인이 더 낫다는 평가를 받는데 100% 원액이 담긴 제품은 반세기 가까이 우리나라 천주교회에서 미사주로 쓰이고 있다. 그래서 그런지 대학 시절 주일학교 교사로 봉사했을 때 가끔 들렀던 신부님들 방에는 항상 마주앙 와인이 박스째로 있었던 기억이 난다.

미국에 온 지 어느새 스무 해가 다 되어간다. 열정 넘치던 20대 젊은 청춘은 어느덧 40대 중장년의 모습으로 변했다. 세월이 흐르면서 사람도 와인처럼 점점 숙성되어가는 것은 아닐까? 이곳 샌프란시스코 베이에어리어가 유명한 와인 생산지라 사람을 와인과 비교하게 되는 것 같다. 샌프란시스코에 오기 전까진 와인에 대해 거의 몰랐던 내가 밤에 마시는 한 잔의 와인을 즐기게 될 줄은 상상도 하지 못했다.

샌프란시스코에 겨울을 재촉하는 비가 내리면 레스토랑을 찾는 고객들의 발길은 다소 뜸해진다. 핼러윈을 장식하는 호박 모양의 잭 오 랜턴이 얼른 가족과 함께 저녁을 보내라고 재촉하는 느낌이다. 나도 이럴 때면 빨리 집에 가고 싶지만, '영업 시간'이라는 고객과의 약속은 무엇보다 중요하기에 레스토랑을 일찍 닫을 수는 없었다. 이럴 땐 가끔 직원들에게 청소와 마무리를 당부하고는 2층에 있는 사무실로 올라간다. 그리곤 창문 밖으로 내리는 비를 멍하니 바라보며 한 잔의 와인을 마실 때가 종종 있다.

'카베르네 소비뇽(Cabernet Sauvignon)' 한 잔에 불규칙한 리듬으로 쏟아지는 장대비 소리를 듣고 있자면 옛 기억들이 많이 밀려온다. 미국에 오기까지의 과정과 험난했던 사업 초반의 위기들. 지금 생각해보면 드라마에서나 나올 법한 뻔한 얘기인, 가진 것이라고는 조리 기술과 성실함밖에 없었던 30대 중반의 첫 사업. 누구나 처음은 어렵고 그래서 가장 무난한 것으로 시작할 때가 많다. 하지만 내 첫 식당 경영이 무난, 무탈했던 것만은 아니었다.

와인을 잘 몰랐던 내가 가장 무난한 카베르네 소비뇽을 골라 마시기 시작했던 것은 아마도 처음을 어렵게 시작한 사업에 대한 반발 때문이 아니었을까. 카베르네 소비뇽 역시 내게는 그런 무난한 처녀작인 셈이다.

카베르네 소비뇽은 프랑스가 원산지인 와인의 대표 품종이다. 이 품종은 사실상 전 세계적으로 와인을 생산하는 70여 개 나라 곳곳에서 잘 자랄 정도로 자생력과 적응력이 으뜸이다. 그리고 특히, 샌프란시스코 북동쪽의 광활한 와인 밭인 '나파(Napa)'와 '소노마(Sonoma)' 밸리에서 생산되는 카베르네 소비뇽은 세계 4대 와인 생산국인 미국에서 국내 생산량의 3분의 1을 차지할 만큼 대량으로 생산된다.

5달러짜리 와인이 50달러짜리 와인 맛을 비슷하게 낸다는 이 품종은 와인을 시작하는 초보자부터 소믈리에급까지 그 누구에게도 쉽게 다가갈 수 있어 더욱 친근하다. 물론 오퍼스 원(Opus One) 정도의 미각과 풍미는 아니지만, 난 값싸고 남겨도 죄책감이 크게 들지 않는 이 와인이 좋다.

현대판 '파리의 심판'은 실제 프랑스 파리에서 개최되었다. 지금이야 미국이 세계의 초강대국이라는 게 당연한 얘기로 들리지만 100여 년 전 만 해도 프랑스는 미국을 영국의 제조공장 수준으로 보았다. 영국과 프랑스가 영원한 라이벌임을 볼 때 20세기 초까지도 프랑스가 바라보는 미국은 이제 막 신생국을 벗어난 나라였다.

프랑스가 미국의 독립을 기념해 선물한 자유의 여신상을 미국이 애지중지하는 것을 보면 미국도 그런 프랑스가 밉지는 않은 듯싶다. 특히 요리에서는 몇 수 아래라고 한들 대수롭지 않게 여기는 것은 나만의 생각일까?

미국이 영국으로부터 독립한 1776년, 그로부터 200년 후인 1976년에 열린 프랑스와 미국 캘리포니아 와인의 블라인드 시음회는 와인을 좋아하는 사람이라면 한 번쯤 들어본 일대의 사건이다. 파리 인터컨티넨탈 호텔에서 열린 이 대회는 각기 화이트 와인 10종류와 레드 와인 10종류를 놓고 시음회를 가졌다. 이들 심사위원은 모두 프랑스에서 저명한 와인 생산자, 와인 비평론가 및 소믈리에들이었다. 이 와인들은 공정하고 객관적인 심사를 위해 모두 디캔팅 후 라벨이 없는 병에 옮겨 담아 심사위원들에게 제공되었으며 시음 순서는 추첨을 통해서 정해졌다.

채점 방식은 총점을 내는 방식과 개별 승리 방식으로 나뉘었는데, 레드와 화이트 와인 모두 미국 와인이 승리를 차지했다. 개별 승리는 엇비슷했으나 미국이 프랑스 와인에 6:4로 이겼다. 이 세기의 대결은 언론의 냉대와 무관심 속에서 치러졌지만, 당시 유일하게 참석한 언론인인 타임지의 프랑스 특파원 조지 테이버에 의해 전 세계에 그 결과가 퍼지게 되었다. 그 당시의 뉴스 헤드라인이 바로 파리의 심판이었다. 프랑스 와인이 최고인 줄만 알았던 전 세계는 충격에 빠졌고, 미국 나파에서 생산된 와인은 전 세계에 널리 알려지게 되었다.

이 역사적인 와인 시음회를 기념하기 위해 30년이 지난 2006년에 영국의 런던과 미국 나파에서 같은 날, 같은 시간에 와인 시음회가 다시 개최되었다. 1976년도에 블라인드 테스트를 했던 똑같은 와인을 가지고 시음회를 했는데 이 대결은 1976년 때보다 더 흥미로운 결과를 보여줬다. 모두의 예상을 깨고 캘리포니아 와인들이 압도적인 점수 차로 프랑스 와인을 이겨버린 것이다.

1976년에는 미국 캘리포니아 와인들이 프랑스 와인을 이기긴 했어도 장기 숙성 및 보관에 관한 기술은 미국 캘리포니아가 프랑스를 따라올 수 없을 것이라고 생각했던 와인 전문가들의 예상을 완전히 뒤엎어 버렸기 때문이다.

이렇게 프랑스인들의 마지막 자존심인 장기 숙성 및 보관에 관해서도 이견 없이 미국 와인들이 이겨버리자 프랑스 와인이 가장 뛰어난 줄로만 알았던 사람들은 이제 전 세계는 와인의 상향 평준화가 이뤄졌음을 알게 되었다.

2. 코르크 마개,
   전통과 혁신의 사이 그 어딘가에

독자 여러분은 가끔 코르크 마개 대신 실리콘 마개로 밀봉한 와인을 본 경험이 있을 것이다. 여러분은 그 와인을 보고 어떤 생각이 들었는가. 비교적 저렴한 와인… 나도 똑같은 생각이었다.

우리가 자주 접하는 대부분의 와인은 코르크 마개를 사용한다. 영화에서 주인공이 와인 병의 코르크 마개를 '퐁' 하며 입으로 여는 장면은 어릴 적 내게 꽤나 멋있게 보였다.

코르크 마개는 지중해를 둘러싸고 있는 스페인, 포르투갈 등 서유럽과 아프리카 북부에서 자생하는 오크나무의 껍질을 활용해 만들어진다. 그리스 아테네의 한 오래된 우물에서 모서리를 깎아낸 둥근 모양의 코르크 마개가 발견된 적이 있는데 고고학자들은 이를 기원전 5세기경에 제작된 것으로 추정하고 있다.

오랜 역사를 가지고 있는 코르크 마개와 함께했던 우리는 이제 와인 따개를 쓰지 않아도 손쉽게 병을 열 수 있는 실리콘 마개로 밀봉된 와인 병들을 보게 되었다. 그렇다면 실리콘 마개를 쓴 와인들은 품질도 별로라고 봐야 할까? 아니 오히려 그 반대다.

나는 지금도 가끔 생각한다. 만약 내가 20대 후반에 미국으로 어학연수를 오지 않고, 그대로 한국에 있었다면 지금의 나는 어떤 사람이 되었을까? 원래 근무하던 호텔에서 계속 쉐프의 길을 걸었을까? 아니면 창업? 전직? 그렇게 'What if'라는 나만의 몽상에 빠져본다.

나는 그렇게 이민 가방 두 개를 들고 홀로 미국 땅을 다시 밟았다. 반은 설렘이었고 나머지 반은 두려움이었다. 사실 두려움이 훨씬 컸다. 말도 제대로 통하지 않는 머나먼 타국, 나를 제대로 모르는 사람들 사이에서 처음부터 다시 시작해야 한다는 두려움. 그 압박감과 두려움이 나에게는 제일 무섭게 다가왔었다. 그렇게 시차가 채 풀리지도 않은 상태에서 나는 내가 가장 잘하는 것부터 시작해보기로 마음을 먹었다. 그것은 바로 먹고, 마시고, 놀기….

나는 한국에서 호텔조리과를 전공했다. 그중에서도 '음료 주장관리'라는 과목과 교수님을 좋아했다. 그곳에서 나는 내가 즐겨 마시던 '산' 소주가 아니라 위스키, 브랜디, 보드카, 럼, 진 등 여러 나라의 듣도 보도 못한 술을 시음해볼 기회가 있었다. 내가 가장 좋아했던 과목은 와인에 관한 챕터였다.

1999년 당시, 내가 배웠던 와인들은 보르도와 부르고뉴를 중심으로 하는 프랑스 와인, 와인의 원조라고 주장하는 투스카니로 대표되는 이탈리아 와인 등 유럽 와인들이 주를 이루었고, 그밖에는 미국, 칠레, 호주 와인 등이 있었다.

나는 그동안 유럽 와인들에 관해서만 공부해왔던 틀에서 벗어나 본격적으로 미국산 와인에 대해 공부하기 시작했다. 동네 슈퍼마켓에서 흔하게 살 수 있는 만 원짜리 와인조차도 어지간한 미각쯤은 훌륭히 커버해내는 미국산 와인이 프랑스 와인보다 가깝게 다가왔기 때문이다.

여기서 오해하지 않기를 바란다. 사실 와인처럼 비싼 만큼 값어치 하는 상품도 드물다. 가성비가 아닌 정직한 전성비. 나는 그저 독자 여러분이 얼마든지 실생활에서 부담 없이 와인을 즐기기를 바랄 뿐이다.

여러분은 레스토랑에서 와인 테이스팅 전에 코르크 마개의 냄새를 슬쩍 맡는 사람들을 본 적이 있을 것이다. 이분들은 정말 와인을 잘 아는 사람들일 확률이 높다. (코르크 마개의 불량률은 2% 정도라고 한다. 100여 병을 만드는 과정에 1~2병쯤은 와인이 상할 수 있다는 것이다. 굳이 통계로 따지자면 '기각역'쯤에 해당하니 뭐라 할 수도 없다.)

코르크 마개의 향을 맡으면 와인이 병 안에서 변질되었는지 아닌지를 마셔보기 전에 미리 알 수가 있다. 방금 마개를 딴 와인의 코르크에서 익숙한 와인의 향이 아닌 곰팡이 핀 지하실 냄새나 분필 가루 냄새 또는 젖은 신문지 냄새 등이 난다면, 그리고 살짝 시큼한 와인 맛에서 코르크 마개의 이상한 향이 느껴진다면 자신의 테이블을 담당한 서버분이나 소믈리에분에게 정중하게 바꿔 달라고 해야 한다.

와인의 변질은 오염된 코르크 마개, 방부제, 오크통 세척 시 사용하는 세제 등 여러 가지 이유로 생길 수 있는데 마시면 몸에 매우 나쁠 수 있다. 이럴 땐 편하게 "코르키(Corky)"라고 얘기하자. 이 한마디로 사람들은 당신의 기품을 알 수 있게 된다. 레스토랑이나 와인 업자의 잘못이 아니라 해도 가끔 자그마한 서비스를 받을 수도 있다. 통상 남성이나 만찬 주최자가 마루타처럼 와인을 먼저 시음하는 이유도 바로 이 때문이다.

코르크는 참나무과에 속하는 코르크나무의 겉껍질과 속살 사이에 있는 스티로폼 같은 막을 말하는데, 코르크나무는 마치 양털 깎기를 당한 양처럼 떼어내도 잘 자란다. 주로 포르투갈, 스페인처럼 지중해 서편에서 많이 수확되는데 포르투갈의 몬타도스 해안의 오래된 나무들을 최상품으로 친다.

코르크나무는 자라는 데 시간이 제법 걸린다. 25년 정도는 자라야 첫 껍질을 채취할 수 있는데 코르크 숲에서 적당한 간격으로 몸통이 상하지 않도록 벗겨낸다. 한 그루당 평균 스무 차례까지 벗길 수 있다니 반영구적 느낌이 난다. 이것이 바로 요즘 시대의 화두인 지속 가능한 소비가 아닐까?

과거엔 와인 생산량이 그리 많지 않아 코르크 마개가 당연시 여겨졌지만, 미국 와이너리 업계의 생각은 달랐다. 한번 와인 맛을 알게 되면 꾸준히 수요가 늘어날 것이며 코르크나무의 성장 속도에 비춰볼 때 대체품 하나는 있어야겠다고 여겼다. 그래서 찾아낸 게 실리콘이다.

주방기구로 널리 활용되는 실리콘은 인체에 해가 없고 내구성이 좋으며 무엇보다 저렴했기 때문이다. 알록달록 색감도 좋아 주부나 쉐프들에게도 더할 나위 없이 좋다. 실제로 실리콘 도마를 사용할 때 육류는 붉은색, 야채나 과일은 초록색처럼 구별해서 쓰면 편리하다.

미국 와인이 세계를 주름잡을 수 있었던 이유가 바로 가격과 품질을 마케팅 전략으로 적절히 배치했기 때문이다. 통계적으로 코르크 마개 와인 10만 병당 코르크 불량이 1천 병 정도 나오게 되는데 실리콘은 공정상 불량률이 제로에 가까우며 불량을 발견하기도 쉽다.

그리고 실리콘은 어디에서든 가공 생산할 수 있어 굳이 대서양을 건너올 필요가 없다. 코르크가 친환경 재료로 각광을 받으면서 가방, 신발처럼 다양한 분야에 사용되기 시작하여 공급가격이 계속 오르는 것도 문제였다. 물론 고급 와인에 굳이 실리콘을 써야 할까 싶지만, 대중적이면서 이윤을 창출하는 것이 목적인 이들은 생각이 좀 다른 듯싶다.

특히 미국의 와이너리는 이윤을 극한으로 추구하는 대기업이나 마찬가지이기 때문에 미국 와인 업자들은 코르크를 대체할 기술 개발에 더욱 힘을 발휘할 수밖에 없었다. 이런 특징 외에 미국의 중류급 와인이 압도하는 부분이 또 있다.

전통적인 와인 생산 방식은 수확한 포도 품종들을 오크통에 담아 숙성하는 것이다. 하지만 미국 와이너리 중에는 그런 전통의 틀을 버리고 스테인리스통을 쓰는 곳이 꽤 많다. 오크통은 프랑스에서는 '바리크(Barrique)'라고 하는데 보르도 지방에서는 225리터짜리를 쓰고, 부르고뉴 지방에서는 220리터짜리를 사용한다.

수명이 100년이나 되는 오크나무에서 이런 오크통이 겨우 하나 정도밖에 생산되지 않기 때문에 좋은 오크통은 수백만 원 이상이다. 그래서 품질 좋은 와인의 숙성이 끝난 오크통을 교체할 때는 그 통을 깨끗이 씻은 후 다소 낮은 품질의 와인을 숙성하는 데 재활용하는 것이 보통이다.

오크통은 나무를 잘게 쪼개 덧붙여 만든다. 단단한 오크나무를 구부리려면 불에 달궈야 하는데 이때 통에서 참나무 향과 바닐라, 초콜릿, 계피 향 등이 다채롭게 배어 나온다. 문제는 짧으면 3년, 길어야 5년 정도 쓰다 보면 오크통에서 더 이상 향이 잘 배어 나오지 않는다는 점이다. 이때부턴 와인 맛이 변하기도 하는데 그해의 포도 작황이 좋지 않아서일 수도 있지만 오래된 오크통을 쓰다 보면 향이 매우 옅어지는 경우가 일반적이다.

이에 비해 스테인리스통은 향을 내기 위해 오크칩 등을 양파망에 담아 집어넣는다. 실리콘 마개나 스테인리스통 모두 와인의 느낌을 인공화시켰다고 볼 수 있으나 와인의 보편화에 큰 영향을 끼친 것이 분명하다.

이렇게 미국은 보편화된 와인의 생산과 수요를 맞추기 위해 기술 개발에 힘을 쏟는다. 예를 들어, 코르크 마개 대신 실리콘 마개와 오크통 대신 스테인레스통 등. 전통을 고집하며 코르크 마개의 개량에 더 많은 힘을 쏟고 있는 프랑스, 자본주의를 바탕으로 대량생산을 주도하며 와인 업계의 신흥 강자이자 이제는 업계를 끌고 나가고 있는 미국. 이처럼 둘은 사뭇 다르다.

여기서 한 가지 재미있는 것은 지역별, 연령대별로 마개의 선호도가 나뉜다는 것이다. 미국 몬태나 주립대학교의 연구진이 코르크 마개와 스크류 마개 선호도를 조사한 결과, 미국 동부 중장년층은 코르크 마개를, 미국 서부 2030들은 스크류 마개를 선호했다고 한다. 하지만 여기서도 코르크 마개가 달린 와인이 더 비쌀 것 같다는 사람들이 압도적으로 많다는 것을 알아두자.

3. 나파 밸리와 소노마 밸리

 나파 밸리와 소노마 밸리는 샌프란시스코 다운타운에서 북쪽으로 한 시간 정도 올라가면 나온다. 차도 양옆으로 펼쳐지는 얕은 구릉 사이로 펼쳐지는 끝 모를 거대한 포도밭은 그야말로 장관이다. 아마 나와 같은 시대를 살아온 독자분들은 기억하실지도 모르겠다. 윈도우 초기화면의 푸른 초원이 바로 이곳이다.

 나파에 가보면 포도밭밖에 없던데 이런 끝 모를 잔디밭이 있다니 여기가 나파가 맞나 하는 의문을 가진 분들도 계실 것이다. 여기에는 하마터면 우리가 나파에서 생산되는 와인을 더 이상 구경할 수 없었을 뻔한 일화가 숨어 있다.

 1990년대에 미국 와인의 주요 생산지였던 캘리포니아 나파의 포도밭에 심각한 해충 피해가 있었다. '필록세라(Phylloxera)'라는 미세한 크기의 해충이 나파에 창궐한 것이었다. 이 해충은 작물과 뿌리에서 양분을 섭취하는데, 소화하고 뱉어내는 액체가 유독성이라 땅을 황폐화시킨다. 병든 흙에서 자란 작물이 건강할 수 없듯 1999년도까지 약 200km^2에 달하는 방대한 나파의 포도밭들이 피해를 보았다. 더 큰 피해를 막기 위해 농부들은 모든 포도나무를 잘라내고 뿌리를 뽑아 밭을 갈아엎어 버렸다. 그리고 몇 년간 땅을 내버려두었는데 나중에 보니 그곳에 잔디가 무성하게 자라나 있었다.

그때 그곳을 지나가던 사진작가 찰스 오리어는 겨울비가 내린 후 눈부시게 빛이 나는 초록색 언덕을 보고 정신없이 셔터를 눌렀다. 그리고 그는 그 사진을 이미지 라이선스 회사인 '코비스(Corbis)'에 올렸는데 얼마 후 마이크로소프트사로부터 그에게 연락이 왔다. 그의 사진을 윈도우 배경에 넣고 싶다는 것이었다. 그는 바로 동의했으며 천문학적인 돈을 받고 그 사진을 그렇게 마이크로소프트사에 넘겼고 우리가 너무도 잘 아는 윈도우의 배경화면이 되었다. 마이크로소프트는 이 화면의 파일명을 '블리스(Bliss)'로 바꿨는데 환희라는 뜻이다. 아마 처음 이 작품을 접했던 마이크로소프트 관계자가 나파 와인을 마신 후 그 감상을 표현한 게 아닐까 싶다.

나파와 소노마 두 지역은 차로 불과 20여 분 남짓한 거리에 떨어져 있다. 미국에서 이 정도면 이웃 사촌이라고 볼 수 있는데 두 지역 간에는 보이지 않는 경쟁구도가 있다. 한국으로 따지면 겨우 현충원에서 올림픽 공원으로 가는 짧은 거리인데도 생산되는 포도 품종이 다르다니…. 이유는 미국의 철저한 푸드테크를 접목한 테크놀로지 덕분이다. 여기에는 토양과 바람의 영향까지를 고려하여 기상위성에서 보내온 최첨단 데이터 기술이 숨겨져 있다.

우선 나파 밸리는 태평양 연안에서 소노마 밸리보다 약간 더 내

류으로 들어가 있다. 나파 밸리의 대표적인 품종은 카베르네 소비뇽으로 기본적인 맛은 특징은 블랙베리, 잘 익은 검은색 베리류의 맛으로 여기에 떫은맛이 적절히 배합된 '탄닌(Tannin)' 성분 때문에 중후한 맛이 느껴진다.

흔히 우리나라 사람들은 다른 주류와 마찬가지로 와인을 마시는 속도가 빠르고 많은 양을 마시기 때문에 다음날 숙취를 많이 겪는데 숙취의 주원인이 바로 이 탄닌이라고 한다. 그래서 와인을 마시기 30분 전 미리 와인을 따서 이 성분을 공기에 다소 날려 보내면 좋다. 이것을 디캔팅 과정이라고 부른다.

영화나 드라마에서 보던 멋진 유리병에 멋진 자세로 와인을 따르며 와인이 공기와 많이 접촉하게끔 하면 당연히 더 좋겠지만 그냥 마개만 열어둬도 된다. 와인을 마실 때 모든 게 필요한 건 아니다. 가끔 소주잔에 마시는 와인도 매력이 충분하다. 탄닌 성분이 다소 낮은 품종은 숙취가 덜한 편이나, 과실주는 자연스레 숙취가 있으니 적당히 즐기는 게 좋다. 물론 말처럼 쉽지 않다는 것은 우리 모두 잘 알고 있지만 말이다.

소노마 쪽은 태평양에 약간 더 가까워 태평양 바닷바람이 늘 시원하게 불어온다. 이 지역은 세찬 바람이 불어올 때가 많다. 그래서 소노마는 와인의 단맛이 조금 덜한 '피노 누아(Pinot Noir)'나 화이트 와인으로 유명한 품종인 '샤르도네(Chardonnay)'가 더 유명하다.

자! 나는 프랑스 와인과의 대결에서 미국 와인이 과학 기술 덕분에 근소한 차이로 승리했다고 했다. 와인의 종주국이 프랑스라고 하더라도 와인은 이제 전 세계적인 상품이 되었다. 종주국이라면 오랜 역사와 전통을 끊임없이 개발하고 가꿔 나가는 곳이어야 할 텐데 프랑스가 이를 게을리하지 않기 때문에 내가 너무 미국 편만 든다는 오해는 하시지 말았으면 싶다.

2021년도에 조사된 전 세계 와인 생산지를 살펴보면, 이탈리아, 스페인, 프랑스가 전체 생산량 3천만 톤의 약 3분의 1을 차지하며 각기 연간 3.4~4.5백만 톤 정도를 생산했고, 미국은 4위로 연간 2.4백만 톤 정도를 생산했다. 일부 와인 전문가들이 2021년도 자료의 신빙성에 대해 의문을 가지는 경우가 있는데 전 세계를 덮친 코로나19의 피해와 이탈리아와 스페인, 특히 프랑스를 강타한 유럽의 늦서리, 캘리포니아 나파에서 발생한 초유의 산불, 글로벌 유통망의 마비 등 악재가 겹쳐 나타났기 때문이다. 하지만 통계적으로 작은 오류까지 깊게 고민할 필요는 없다.

와인이 이처럼 수많은 지역에서 다양한 포도 품종으로 생산된다는 사실은 쉐프인 나에게 매우 좋은 일이다. 요즘은 직접 현지에 가보지 않아도 현지 요리와 와인을 페어링해주는 레스토랑이 많이 생기고 있다는데 얼마나 다행인지 모른다. 그런 경험은 나중에 그 나라로 여행을 갔을 때의 설렘을 더 가중시켜 줄 테니 말이다.

한국에서 와인이 보편화된 것은 칠레산 몬테스 알파의 힘이 크다. 몬테스 알파는 한때 국민 와인으로 불릴 정도였는데, 한국이 칠레와 맺은 첫 번째 자유무역협정 덕분에 와인에 붙는 관세가 뚝 떨어져 손쉽게 맛볼 수 있었다.

흔히 레드 와인은 육류와 잘 어울리고 화이트 와인은 생선이나 가금류와 잘 어울린다는 것이 상식이지만 쉐프의 관점에서 보면 둘을 바꿔 마셔도 전혀 지장이 없다고 생각한다. 이는 기호의 문제일 뿐이다. 심지어 요즘에는 육류에 어울리는 화이트 와인과 생선이나 가금류에 어울리는 레드 와인이 꾸준히 개발·판매되고 있다. 아직 와인 세계에는 기존 상식의 틀을 깨기 힘든 고정관념들이 존재하지만 언젠가 그 틀이 깨어지는 순간을 보게 될 것이라 믿는다.

대체로 기름기가 많은 육류를 먹은 후에 레드 와인을 마시면 레드 와인에 포함된 풍부한 탄닌이 입안을 개운하게 해준다고 할 수 있다. 기름진 중국 요리를 먹을 때 우롱차를 함께 마시면 덜 기름지다고 느끼는 것과 마찬가지다.

화이트 와인은 비교적 맛이 가벼워 채식을 좋아하는 사람들이 많이 선호하는 편이며, 특히 생선 요리에 잘 어울린다. 하지만 튀긴 생선 요리는 레드 와인과 더 맞을 때가 많다. 가끔 맥도날드 햄버거나 KFC 치킨에 레드 와인을 마시면 나름 느낌이 좋을 때가 있다. 선택은 본인이 알아서 할 일이다.

4. 와인을 여는 순간
   우리는 특별한 사람이 된다

와인을 주제로 한 '솜(Somm)'이라는 다큐멘터리 영화가 있다. 마스터 소믈리에들의 인터뷰와 도전 과정을 보여주는데 와인 업계에서 가장 힘든 시험 중 하나인 최종 마스터 소믈리에 시험에 소믈리에들이 도전하는 과정이 얼마나 혹독한지 긴장과 잔잔한 감동이 함께 몰려온다. 막상 이런 소믈리에들조차도 와인에 대해 완벽하게 알 수는 없다. 와인은 그 폭과 깊이가 종교 경전과도 같아 일반인은 평생 공부하고 마셔봐도 마스터할 수 없다는 것이 바로 와인이다.

포도라는 덩굴 식물은 참 매력적이다. 포도는 품종을 자세히 분류하면 무려 십만 종이 넘는다고 한다. 전 세계에서 이렇게 많은 품종이 있는 과일이 있을까 싶다. 게다가 현재 진행형으로 포도의 품종을 계속 개량하고 있으므로 포도 품종의 정확한 숫자를 알기는 불가능하다고 한다. 그게 사람들이 와인을 사랑하는 이유일지도 모르겠다. 끝없이 변화하고 질리지 않는, 심지어 같은 품종, 같은 포도밭에서 수확한 포도일지라도 어느 연도에 어떤 오크통에 담기는지에 따라 천차만별로 맛이 변하는 와인. 새로운 와인병을 여는 순간 우리는 특별한 사람이 된다.

어느 날, 사랑하는 사람에게 고백하기 위해 몇 주 전부터 고급 레스토랑에 자리를 잡아놓고 와인 리스트의 와인 두 개에 대해 열심히 공부해놨는데, 상대방이 오늘은 특별한 날이니 로제 와인을 마셔보자고 한다면, 독자분들은 순간 당황할 수 있을 것이다.

잘 모르는 와인 이름을 듣고 식은땀이 날 수 있지만 너무 긴장할 필요는 없다. 자, 이제부터 아이크가 와인에 대해 간단하게 설명해 드리겠다. 인수분해까지도 아니다. 잘해봤자 덧셈, 뺄셈, 곱셈 공식까지만 간다. 모든 요리가 그렇게 되어 있으니 와인도 그렇다고 생각하자. 우리가 와인을 공부하는 게 꼭 소믈리에가 되겠다고 하는 것은 아니지 않은가?

로제 와인은 말 그대로 분홍 장밋빛 색깔의 와인이다. 때에 따라서는 붉은색 와인과 하얀색 와인을 섞기도 하는데 대체로 레드 와인을 압착하거나 으깨 색을 뽑아내는 '마서레이션(Maceration)' 과정을 거친다. 어려운 단어 같지만 으깬 포도를 서서히 아래쪽으로 가라앉히는 과정을 말한다. 여기서 가라앉은 포도 껍질에 있는 색소를 뽑아내어 장밋빛 색감을 만드는데 얼마를 뽑아내느냐에 따라 색상이 달라진다. 그래서 로제 와인은 붉은빛에 가깝기도 하고 하얀색에 가깝기도 하다.

자, 이 정도면 충분히 이해했을 것이다. 기포가 보글보글 올라오는 스파클링 와인, 화이트 와인처럼 보이지만 다디단 디저트 와인도 있다. 나중에 다시 설명하겠지만 "스파클링 와인이 뭐에요?" 하고 물어본다면 그건 샴페인이라고 그냥 등식으로 알려준다. 와인에 대해 잘 알고 자신이 있다면 프랑스 '샹파뉴(샴페인의 프랑스어 발음)' 지방에서 생산되는 포도와 제조법 등으로 시작되는 지식을 뽐낼 수도 있을 것이다.

디저트 와인이라고 하면 왠지 식사와 함께 마시지 않아도 되는 것 같이 들리지 않는가? 디저트는 식사의 마무리로, 반드시 디저트를 먹어야만 하는 유럽 사람들에게는 엄청 중요한 코스 중의 하나이다. 하지만 그런 유럽 사람들조차 식사 중에는 디저트 와인을 마시지 않는다.

와인 산업은 매우 거대한 산업이기 때문에 이 모두가 많은 와인을 소비자에게 팔기 위해 연구하는 마케터들의 작품이니 너무 겁내지 말자. 조금 틀려도 되니 상대방에게 솔직하게 말하자.

"사실 제가 오늘 이 저녁을 위해 공부한 와인이 딱 두 종류밖에 없어서요. 괜찮으시다면 로제 와인은 제가 공부를 하고 난 다음 식사 때 알려드리면 어떨까요?"

당신은 상대방을 한 번 더 만날 수 있는 기회를 자연스럽게 얻을 수 있을 것이다.

5. 와인,
이것만은 알아두자

앞서 언급한 카베르네 소비뇽이라는 포도 품종을 기억할 것이다. 어렵다 생각지 말고 바로 외우자. 식재료 중의 밀가루, 성경의 창세기에 해당하고 수학의 집합과도 같은 것이다. 세계적으로 가장 유명한 품종으로 그 역사가 매우 길다.

카베르네 소비뇽의 가장 큰 특징은 색감이 짙고 떫은맛이 난다는 것인데, 이는 포도에 포함된 탄닌 성분 때문이다. 레드 와인은 껍질과 씨를 통째로 압착하여 으깨 만들기 때문에 떫은맛이 느껴지는 것이다. 포도를 먹을 때 껍질 안의 과육만 먹으면 달콤하지만, 껍질까지 씹어먹으면 뒷맛이 떫다는 것을 잘 알고 있을 것이다. 우리의 뇌는 미각에서 전달되어 오는 전기 신호를 정직하게 기억한다. 그래서 카베르네 소비뇽으로 만든 와인의 맛이 밋밋하게 여겨진다면 그 와인은 좀 약하다는 평가를 받는다.

카베르네 소비뇽은 와인을 잘 모르거나 자신이 없을 때 사람들이 가장 무난하게 시키는 품종이다. (물론 세상에서 가장 비싼 와인도 카베르네 소비뇽을 사용하는 경우가 많다.) 그래서 어지간한 요리들과 잘 어울린다. 흔히 레드 와인을 '드라이(Dry)'하다고 하는데, 이는 무미건조하다는 뜻이 아니라 '상대적으로 단맛이 없다'는 뜻이다. 깔끔하게 넘어가는 첫 모금과 함께 묵직하고 떫은맛이 마지막으로 입안에 감돈다.

두 번째는 '메를로(Merlot)' 품종을 추천한다. 카베르네 소비뇽이 남성이라고 한다면, 메를로는 여성에 가깝다. 우선은 탄닌 함량이 낮고 부드러워서 상대적으로 큰 부담이 없다. 다만 알코올 함량이 다른 와인에 비해 2도가량 높은 편이라 같은 양을 마시게 되면 취기가 더 많이 올라오기도 한다. 메를로를 좋아하는 남성은 댄디한 스타일들이 많다. 꼭 그렇지는 않지만 고객들을 상대하면서 어떤 품종을 시킬지 감으로 알 수 있는 경우도 있다.

벌써 어렵다고 느낀다면 걱정할 건 없다. 이제 절반이 지났다. 가장 인기 있는 품종만 소개할 것이기 때문이다.

세 번째 와인은 '쉬라(Syrah)' 또는 '쉬라즈(Shiarz)'로 두 표현이 공존하는 와인이다. 이 품종은 프랑스에서 재배되었지만 남반구 특히, 호주와 남아프리카공화국에서 잘 자라 호주 품종이라고 불린다. 쉬라 품종을 음미하다 보면 매운맛이 느껴지기도 하는데 이 때문인지 우리나라에선 혼술족들의 사랑을 많이 받고 있다. 우리나라 음식인 매운 찌개와 잘 어울려서다. 김치찌개나 감자탕과 궁합이 잘 맞는다.

한편, 와인과 음식의 궁합을 맞추는 페어링에 대해 잠깐 얘기하자면, 쉐프는 음식의 맛을 바탕으로 페어링 메뉴를 짜고 소믈리에 들은 와인을 기준으로 코스 메뉴를 정한다. 그러니 식사 코스를 만들 때 음식과 함께 와인 페어링을 하는 우리 직원들끼리의 시간은 참 재미있다. 레드 와인과 화이트 와인의 특색을 바탕으로 음식의 중량감 등이 비슷한 것끼리 맞추면 대체로 손색이 없다.

마지막으로 소개할 와인은 피노 누아로, 다른 와인에 비해 덜 보편화되어 있다. 피노 누아는 기후를 좀 타는 편이라 생산량이 앞선 세 종류보다 적은 편이다. 피노 누아는 프랑스 부르고뉴 지역의 대표 품종이지만 전 세계에 걸쳐 서늘한 기후대에서도 재배된다. 미국에서는 캘리포니아 주 북쪽에 있는 오리건 주의 대표 품종이기도 하다. 수요와 공급의 법칙에 따라 피노 누아는 다른 품종에 비해 가격이 약간 비싼 편이다. 이 피노 누아를 시키는 사람들은 보통 새로운 것을 시도하려는 스타일이 많다.

여기서 아이크의 픽(Pick)은? 바로 피노 누아다. 세계에서 가장 비싸다는 '도멘 드 라 로마네 꽁띠(Domaine de la Romanee Conti)' 와인이 바로 이 품종이다. 로마네 꽁띠는 한 병에 수만 달러를 호가해 부르는 게 값이다.

와인 애호가들은 이 피노 누아를 보고 통통 튀는 발랄한 와인이라고 표현한다. 이 포도 품종은 소노마 밸리에서도 잘 자라지만 캘리포니아 주의 바로 윗동네인 오리건 주에서 생산되는 피노 누아가 꽤 유명하다. 연인과 함께 언젠가 로마네 꽁띠를 마실 날을 기약하며 피노 누아를 주문해보는 것은 어떨까?

참고로 와인 품종들은 기본적으로 쇠고기나 돼지고기, 양고기 등과 잘 어울린다. 연어처럼 기름기가 많은 생선 스테이크도 굳이 화이트 와인을 고집할 필요는 없다. 내 입맛에 맞는 와인이 세상에서 가장 좋은 와인이라는 사실은 변함이 없다.

상대적으로 화이트 와인은 우리에게 덜 알려져 있어 오히려 공부하기 좋다. "언제까지 레드 와인만 시킬래?"라는 물음에 일말의 망설임 없이 그럼 "가볍게 샤도네이를 시켜보자!"라는 멘트를 날려보자.

카베르네 소비뇽이 레드 와인의 갑이라고 한다면, 화이트 와인의 갑은 단연코 샤도네이다. 샤도네이는 미국에서도 흔한 포도 품종이지만, 지역을 잘 가리지 않고 전 세계적으로도 잘 자란다.

그런데 샤도네이는 재배되는 지역에 따라 맛이 천차만별이다. 서늘한 기후에서 자라는 샤도네이는 청사과, 배, 아카시아, 레몬, 자몽 등의 풍미를 지니며 숙성되면 견과류와 비스킷, 꿀의 풍미를 보인다. 더운 기후에서 자라는 샤도네이는 망고, 크림, 바나나, 파인애플 등의 향이 나며 약간의 스파이스 풍미를 지닌다.

우리 입맛에는 약간 단맛이 도는 샤도네이가 잘 어울리는데 가격이 저렴할수록 단맛이 더 나는 경향이 있다. 나는 개인적으로 단맛이 나는 화이트 와인을 좋아한다. 물론 "나는 무조건 드라이한 게 좋다"고 한다면 돈을 좀 더 주고 드라이한 샤도네이를 마시면 된다. 이것 역시 당신의 자유다.

여기서 잠깐, 포도 품종을 말할 때 샤도네이, 샤르도네처럼 발음을 신경 쓰는 경우가 있는데 사실 아무 의미가 없다. 어차피 외래어인 데다가 그 품종마저 영어, 프랑스어, 이탈리아어로 부르는 말이 다 다르다. 식당에서는 비싼 거 시켜주는 사람이 왕이다. 당신의 발음에 태클을 거는 사람들은 와인에 관한 책 딱 한 권만 읽은 사람일 수 있다. 보통은 아무도 신경 쓰지 않는다.

이제 '소비뇽 블랑(Sauvignon Blanc)'에 대해 알아보자. 그런데 앞에서 나온 레드 와인 카베르네 소비뇽과 이름이 비슷하지 않은가? 그렇다. 이 둘은 포도의 유전자가 거의 비슷해 맛에 큰 차이가 없는 소위 한가족이다. 카베르네 프랑과 소비뇽 블랑을 교배시켜 나온 게 바로 카베르네 소비뇽이다. 따지자면 부모와 자식 관계인데 포도 품종에 부모, 자식을 붙이는 것도 좀 우습다. 미국 나파 밸리의 유명한 와이너리 로버트 몬다비가 퓌메 블랑이라는 또 하나의 새로운 와인을 만들어내기도 했다.

로제 와인을 시키는 사람들은 대체로 '진판델(Zinfandel)'이라는 레드 와인 품종을 선호한다. 나도 개인적으로 좋아하는 와인인데 로제 와인을 시키는 것을 두려워할 필요는 전혀 없다. 로제 와인은 가볍게 즐기기에 좋으며 보통 식전주로 마시는 편이다. 와인의 색상이 예뻐서 그런지 요즘 여자들 사이에서 인기가 많은 편이다.

"오늘은 로제 와인으로 하는 게 어떨까요? 요즘 유행이기도 하고 진판델로 시키면 무난할 것 같군요."(이게 정답이다.)

지금까지 십여만 종이 넘는 포도 품종 중에서 가장 대표적인 품종 몇 가지만 알아봤다. 연인과의 즐거운 식사를 위해서 최소한으로 이 정도만 공부하고 나가도 식사 중에 즐거운 대화가 끊기는 일은 없을 것이다.

한 가지 빼놓은 것이 있는데 바로 샴페인이다. 샴페인은 프랑스 샹파뉴 지방에서 만들어진 스파클링 와인이다. 다른 나라에서 동일한 제조법으로 만든 경우라도 샴페인이라고 부를 수는 없다. 상표법에 위배되기 때문이다. 그래서 같은 발포 와인도 프랑스에서는 샴페인, 그 외 다른 나라에서는 스파클링 와인이다.

와인은 부담 없이 마시는 술이다. 주문할 때 실수할까 두려워하지 말고 그냥 즐기면 된다. 그렇게 와인과 친해지다가 궁금하면 조금 더 깊이 있게 공부를 해보면 될 것이다.

햄버거는 일반적으로 다진 소고기에 적당한 양념을 넣고 뭉친 후 그 고기를 납작하게 만들어 구운 '햄버그 스테이크'와 토마토, 양상추 등의 다양한 채소를 빵과 빵 사이에 끼워 만든다. 흔히 스테이크를 일반 생육을 굽는 것으로만 여기는데 고기를 다져서 만든 것도 엄연한 스테이크의 한 부류다. 우리는 생각보다 자주 스테이크를 먹고 있다.

우리나라의 떡갈비, 튀르키예의 퀘프테 등도 스테이크의 한 종류라고 볼 수 있다. 이렇게 스테이크 하나만 가지고도 깊게 들어간다면 책 몇 권은 나올 정도로 스테이크는 서양 요리의 근간이 된다.

인류에게 고기를 제공하는 동물들은 너무나 많다. 인류는 문명이 고도로 발달하기 전에는 생존을 위해 다양한 동물들을 사냥하여 그것들에서 단백질 등의 영양분을 섭취했다. 단백질의 영어 이름인 프로틴은 '가장 중요한'이라는 뜻을 가진 그리스어 '프로테이오스'라는 단어에서 유래했다고 한다. 인류에게 단백질은 물과 함께 가장 중요한 영양소이기 때문이다. 그러므로 인류가 기본적으로 못 먹는 육류는 거의 없다고 보아야 한다.

현재 가축화되어 인간들의 단백질 공급원으로 사육되고 있는 대표적인 동물들은 소, 돼지, 염소, 양, 닭 정도로 볼 수 있겠다. 소를 신성시하는 인도처럼 소고기를 아예 먹지 않는 나라도 있고 돼지를 불결하게 생각하는 중동 국가나 이슬람 국가들은 돼지고기를 먹지

6. 인류의 간판 요리,
　　스테이크

　기원전부터 우연히 땅에 떨어진 포도송이가 자연 발효를 통해 인류의 술로 탄생했듯이, 요리 역시 날것을 먹던 인류가 우연히 불에 구워진 고기를 먹으며 발전했다.

　현대사회에서 먹을 게 풍족해지자 그저 생존을 위해 먹던 사람들은 음식을 '조화와 조합'이란 큰 틀에서 바라보기 시작했다. 각기 지역에서 생산, 수확되는 식재료들을 다양한 조리법으로 만들면서 일종의 유희와 오락으로 발전시킨 것이다. 그리고 그런 조리법들은 각 지방의 특산품들과 함께 그 지역에 보편화된 입맛으로 발전하게 되었으며 그 결과 각 고유 지방의 대표적인 요리들이 탄생했다. 프랑스의 대표적인 와인 요리인 코코뱅, 이탈리아 평원에서 생산된 밀로 요리한 피자와 파스타 등이 여기에 해당한다.

　미국으로 공부하러 가는 유학생들이 끼니를 해결하기 위해 제일 많이 찾는 곳은 맥도날드다. (요즘은 스타벅스라고도 하지만) 프랜차이즈 음식의 유혹을 피하긴 어렵다. 언제 어느 곳에나 있고 주머니 사정이 가벼운 유학생들에겐 한국의 김밥천국과도 같다. 그리고 점차 익숙해지면 버거킹, Jack in the Box 같은 곳을 찾아가기도 한다.

않으니 사실 스테이크 재료는 꽤 협소한 편이다. 그래서 보통 아무런 조건 없이 스테이크라고 하면 비프스테이크를 지칭하게 되는 것이 보통이다.

내가 예전에 가졌던 궁금증을 독자분들도 한 번쯤은 생각해보셨을 것이라 믿는다. 서양과 한국의 육류 요리 전문 식당에 가보면 음식이 만들어지는 과정이 꽤 다르다.

우선 한국에서 말하는 대부분의 육류 요리라는 것은, 내 앞에서 내가 주문한 고기를 달궈진 불판 위에 올려 그 고기가 직접 구워지는 것을 보는 직관형이다. 반면에 미국의 육류 요리는 내가 선호하는 고기의 부위를 고르고 '익기(Temperature)' 정도를 주문하면 식당 안의 주방에서 구워져 나와 예쁘게 플레이팅되어 내 테이블에 올려 맛보는 간접형이다. 미국에서는 내가 먹는 고기가 어떻게 구워지는지, 구워지기 전의 상태는 어떠한지 등 손님들이 고기의 상태를 관전할 수가 없다. 그래서 서버분들이 직접 고기를 구워주는 우리나라의 숯불구이가 서양에서는 꽤 신선하게 여겨지기도 한다. 이 때문에 한국에서는 고기 먹으러 나갈 때 어차피 냄새가 배니까 빼기 쉽게 가벼운 옷차림으로 가지만, 서양에서는 옷에 냄새가 밸 일이 없어서 턱시도나 드레스처럼 옷을 잘 차려입고 가는지도 모르겠다.

우리나라는 밀레니엄을 전후로 패밀리 레스토랑이 유행하며 서양식 스테이크가 대중화되기 시작했다. 그전까지만 해도 생일이나 특별한 날, 동네 경양식집에 가서 돈가스를 먹는 게 내가 했던 칼질(?)의 전부였다. 옷을 잘 차려입고 나비넥타이를 맨 웨이터분이 "빵으로 하시겠습니까? 아니면 수프로 하시겠습니까?" 하고 물으실 때마다 마치 어려운 시험 문제를 풀 듯 심각하게 고민했던 어린 시절의 내가 생각나 지금도 가끔 피식거리게 된다.

우후죽순처럼 생기는 패밀리 레스토랑의 유행에는 호주, 미국, 뉴질랜드 등지에서 수입된 소고기의 역할이 크게 작용했다. 우리나라는 국토의 70% 이상이 산악 지역이라 대규모 사육이 어려워 한우 자체만으로는 서구화되어가는 스테이크 욕구를 충족시키지 못했다. 또한, 예전 농경사회에서 소는 어른 10명분의 일을 할 수 있는 현재의 중장비와도 같은 위치였기 때문에 일반인들이 소고기를 자주 먹을 수도 없었다. 심지어 나라에서 소를 도축하는 것을 법으로 금하기도 했다. (예외로 늙은 소들은 도축할 수 있었다.) 한 마디로 스테이크 문화가 발달하기 어려운 구조였다. 이러한 인식은 우리나라의 경제 발전과 함께 패밀리 레스토랑과 수입 소고기들이 국내로 들어오면서 점차 변화의 계기를 맞이해 현재에 이르렀다.

하지만 미국은 오히려 반대다. 미국은 예전부터 소 사육체계를 산업화했다. 소규모로 난립하던 육우 사육 농가들을 몇 개의 지역회사로 합치고 또 그 지역 회사들을 합쳐서 전미에 걸쳐 4~5곳으로 통합해 버렸다. 소는 전 세계적으로 약 15억 마리를 키운다. 편의상 육우와 젖소를 구분하지 않고 우리나라에서는 평균 4백만 마리 정도를 키우고 있다. 소고기를 많이 소비하는 미국은 브라질로부터 엄청난 양의 고기를 수입하고 있다. 브라질은 전 세계에서 가장 많은 소를 키우는데 무려 2억 마리가 넘는다고 한다.

우리나라의 스테이크가 비쌀 수밖에 없는 이유는 앞서 설명한 대로 소를 대량으로 키우기 적합한 지형이 아닌 것이 가장 크다. 그 외에도 거의 100% 수입해야 하는 사료 가격의 폭등, 구제역이나 심심치 않게 발생하는 가축 전염병 때문에 공급이 불안정한 요인도 있다. 도축 후 중간 유통 과정이 많은 것도 가격 상승의 요인으로 작용한다. 미국이나 호주에서 수입되는 소고기마저도 현지 가격에 비하면 물류비를 제외하더라도 가격이 상당히 높은 편이다.

II.
세계의
요리 이야기

그때의 나는 마치 오케스트라의 지휘자이자 전선의 사령관이었다. … 사실 큰 파도를 맞서 항해하는 선장의 심정이 아마도 이렇지 않을까 싶다. 나는 잠도 거의 못 자고 서른다섯 시간을 버텼다.

1. 요리의 힘

지금 젊은 세대에게는 생소할지도 모르겠지만 불과 반세기 전까지만 해도 우리에게는 끼니를 걱정하고 허기를 달랬던 시절이 있었다. 하지만 이제 우리는 배가 고팠던 적이 언제인지 기억이 가물가물한 '가려 먹는 시대'에 살고 있다. 무턱대고 음식이 맛있다고 먹는 시대가 아닌 몸에 좋은 음식, 보기 좋은 음식을 즐기며, 소위 맛집들을 찾아다니는 시대에 살게 된 것이다.

허준 선생님의 동의보감에는 '양생법'이라는 말이 자주 등장한다. 이는 먼저 좋은 음식으로 보신을 하고 약은 나중에 쓴다는 의미다. 약식동원(藥食同原) 또는 의식동원(醫食同源) 즉, 좋은 음식은 약과 그 근원이 같다는 말과도 일맥상통한다. 그렇게 먹는 음식의 중요성은 예로부터 매우 강조되었다.

그래서 요리는 누구나 관심을 가져야 한다. 먹는 행위 자체가 중요한 게 아니라 내 몸을 위해 제대로 먹는 것이 중요하다.

실리콘밸리에서 열리는 어느 모임에 나갔을 때 다음과 같은 질문을 받은 적이 있다. "아이크 쉐프님, 요리는 일반적으로 여성들이 잘하는 편인데 쉐프는 왜 남성들이 많나요?"라는 것이었다. 독자 여러분도 미디어와 언론에 자주 등장하는 유명 쉐프들이 대부분 남성이라는 점을 잘 알고 있을 것이다. 그분들이 만들어내는 음식들은 물론 엄청 맛있고 눈이 즐거울 정도로 화려하다.

하지만 나는 내가 한국을 들어갈 때마다 먹게 되는 우리 어머니의 소박한 저녁 밥상이 세상에서 제일 맛있다. 내 음식 솜씨는 어머니를 따라갈 수 없지만 그렇다고 세상의 모든 쉐프들이 필요 없다고 하는 것은 아니다. 쉐프들이 지금 만들고 있는 모든 요리는 세상의 모든 어머니들로부터 나온 것이다. 선조들로부터 물려받은 요리 방법과 비법들을 대대로 전승 발전시킨, 우리의 어머니들과 할머니들이 쉐프라는 특수한 직업군에게 그 지식을 전달하여 그들이 요리해서 우리에게 대접하게 된 것이다.

그렇게 쉐프들은 온갖 가사 일을 떠맡아서 하셔야 했던 어머니들을 대신해 요리에만 집중할 수가 있게 되었다. 그래서 그들은 아무리 많은 음식이라 해도 일정한 품질을 유지할 수 있게 되었다. 보통 쉐프들은 처음 주방보조로 시작하여 많은 실전 훈련을 거쳐 한 업장의 수석 쉐프가 된다. 그 시기가 몇 년이 걸릴지는 본인의 노력 여하와 운에 따라 달라진다. 여기서 가장 심혈을 기울여야 하는 부분은 모든 음식의 균일한 품질과 속도이다.

어느 날, 내가 운영하는 케이터링 회사로 3천 명 분량의 스시 주문이 들어온 적이 있었다. 미국 실리콘밸리의 빅테크 기업에서 컨퍼런스 개최에 맞춰 주문이 들어온 것이었는데 케이터링 계획을 세우는 데만 몇 주가 걸렸다. 세계적으로 유명한 기업이 고객이 된다는 점은 분명히 매력적이었다. 그러나 문제는 너무 많은 분량이었다. 1천 인분까지는 경험이 있었으나 그 3배인 3천 인분은 완전히 다른 이야기였다. 문제는 그 주문을 우리가 맡겠다고 수락해놓고 중도에서 포기한다든지 음식에 문제가 생길 경우였다. 몇 년간 쌓아놓은 베이에어리어 최고의 일식 케이터링 회사라는 신뢰도가 한순간 추락할 게 뻔했다.

며칠 동안 밤잠을 이루지 못하며 계획을 짜다가 주변 지인들 및 협회 멤버들에게 연락해 도움을 요청했다. 샌프란시스코 일대의 안면 있는 일식 쉐프들을 죄다 끌어모으다시피 했다. 스시는 타이밍이 정말 중요한데, 특히 이번 스시 케이터링에서 처음 만든 스시와 마지막에 만든 스시의 시간 차이를 줄이는 것이 중요했다. 너무 일찍 만들면 스시의 식감이 떨어지기 때문에 적재적소에 재료를 준비해두고 거의 막바지에 이르렀을 때 그때부터 정말 한 치의 오차도 없이 20여 명의 쉐프가 일사불란하게 움직여야 했다.

그때의 나는 마치 오케스트라의 지휘자이자 전선의 사령관이었다. 밥은 오차 없이 계속 잘 지어지고 공급되는지, 초대리가 들어가는 양은 정확한지, 생선의 양이 정확한지 등을 시시각각 체크했다. 중간에 쉴새 없이 만들다가 조금이라도 모양이 흐트러지거나 품질이 고르지 않으면 가차 없이 폐기했다. 시간이 생명으로 이리저리 바로잡을 시간이 없었다. 사실 큰 파도를 맞서 항해하는 선장의 심정이 아마도 이렇지 않을까 싶다. 나는 잠도 거의 못 자고 서른다섯 시간을 버텼다. 마지막 스시가 만들어지고 행사가 끝난 후에는 그 자리에서 주저앉아 헤벌리는 의미로 주먹을 불끈 쥐었다.

내 사람들과 무사히 큰 행사를 이뤄냈다는 기쁨과 함께 자신감이 차올랐다. 이런 대형 행사는 처음이 어렵지 그 후에 계약되는 비슷한 규모의 행사는 별로 어렵지 않다. 행사에서 획득된 데이터를 바탕으로 좀 더 수월하게 할 수 있기 때문이다.

남성 쉐프들이 많은 이유는 아마도 체력을 바탕으로 끈기 있게 버텨내는 능력과 깊은 관련이 있을 것이다. 여성 쉐프들이 체력과 끈기가 없다고 비하하는 것은 아니다. 내 주변에도 여전히 현업에서 왕성히 활동하시는 많은 선후배 여성 쉐프님들이 계신다. 남성 쉐프들 중에서도 이러한 과정을 견디지 못하고 중도 포기하는 분들이 정말 많다. 요리를 하다가 갑자기 인테리어 업체에 취직하는 경우도 있고, 주말 있는 삶을 갖고 싶다며 일반 회사에 들어가는 경우도 있다. 어떤 업종이든 자신들만의 애로사항이 있다는 걸 우리는 이해해야 한다.

요리 연구가 백종원 님이 늘 강조하는 게 있다. 요리는 쉬워야 한다는 것이다. 나도 거기에 100% 공감한다. 뭐든지 내가 꼭 해야 할 일이 아니라면 게다가 어렵기까지 하다면 쉽게 포기할 수밖에 없다. 요리를 예로 들면 미역국을 끓여볼까 하다가도 조리법이 어렵게 느껴지면 그냥 라면을 집어 드는 게 보통 남자들의 마음이다.

사실 미역국은 불려놓은 미역과 끓는 물, 약간의 국간장으로 간을 맞추기만 하면 어느 정도 맛이 난다. 면과 끓는 물, 스프, 계란을 넣고 요리하는 라면과 난이도가 거의 비슷하다. 기껏해야 쇠고기 미역국에는 참기름에 볶은 쇠고기만 더 들어가면 된다. 이렇게 갑자기 재료를 몇 개 더 집어넣는다고 해서 난이도가 급상승하게 되는 건가?

김치찌개는 더욱 쉽다. 이미 김치에는 소금, 다진마늘, 고춧가루, 액젓처럼 다양한 양념이 되어 있기 때문이다. 잘 익은 김치에 끓는 물, 거기에 두부나 돼지고기, 참치캔 하나 정도 넣으면 충분하다. (양파나 대파, 고추는 개인의 취향으로 넣고 빼시길 바란다.) 대파는 있으면 좋고 없어도 상관은 없지만, 양파는 열을 가하게 되면 자체에서 단맛이 나기 때문에 요리에는 빠지지 않고 꼭 들어가는 약방의 감초 같은 채소다. 김치찌개에 콩나물을 넣고 찌개보다 물을 2배 정도 더 많이 부으면 김칫국이 되고, 물을 적게 넣고 졸이면 김치찜이 된다. 기호에 맞게 고등어나 큼지막한 돼지고기를 넣어도 된다. 그것이 전부다.

한동안 쉐프들이 안 나오는 TV 채널이 없었고 '뇌섹남(뇌가 섹시

한 남자'에 빗대어 '요섹남(요리 잘하는 섹시한 남자)'이 대세였던 적이 있었다. 그렇게 대한민국의 요리 학원들은 넘쳐나는 남자 수강생들로 르네상스를 이루었고, TV만 틀면 유명 프로그램에 쉐프들이 나왔으며, CF의 주인공으로 활약했다. 요리하는 남자들이 자연스럽게 늘어나게 된 것이다.

그래서 요즘에는 연애하다가 여성이 남성에게 "요리는 잘하세요?"라고 물어보면 "김치찌개 정도는 할 줄 알아요"라는 답이 쉽게 나온다. 이제는 성별을 떠나 "라면은 끓일 수 있다"고 답하면 뭔가 부족한 느낌이 드는 시대가 되었다.

요리에 조금 관심을 갖다 보면 요리가 단순한 산수(더하기, 빼기) 수준의 패턴으로 형성되어 있다는 것을 발견할 수 있다. 불고기 기본양념으로 LA갈비를 해도 맛의 차이는 거의 없다. (물론 깊은 맛을 얘기하는 것은 아니다.) 떡볶이 양념에 설탕을 좀 줄이면 닭볶음탕 양념이 될 수 있는 것처럼 말이다. 그렇게 다른 나라 요리의 레시피를 살펴보다 보면 그쪽 요리에서 자주 쓰는 재료들이 보이고, 그것을 더하거나 빼다 보면 맛은 비슷한데 다른 이름으로 제공되는 요리들을 만들 수 있다.

언제부터인가 자연스럽게 우리들의 주머니를 털어가는 배달비를 아껴, 식재료를 구입해 요리 연습을 해보는 것은 어떨까? 그리고 연인 또는 가족들에게 근사한 저녁을 만들어주는 것에 도전해보자.

2. 우리나라의 음식 이야기

미스터 션샤인,
글로리 빈관(賓館)에서는 어떤 음식을 먹었을까?

'유진(Eugene)'이란 이름이 다시 한번 유행하게 된 이 드라마는 어린 노비였던 유진이 신미양요 전쟁 중 미국으로 건너갔다가 미국 해병대 대위가 되어 조선으로 돌아오는 스토리를 담고 있다.

대한제국 시대 의병(義兵)들의 이야기를 비롯해 'Sunshine' 표기법을 '선'이 아니라 시대상에 맞게 '션'으로 했다는 디테일까지 잘 담아 외국인들도 한국을 알게 되는 계기가 되었다고 한다.

드라마에서는 '글로리호텔(Glory Hotel)'이 등장하는데 극의 등장인물들은 '글로리 빈관' 아니면 '빈관'이라고 부르곤 했다. 여기서 빈관은 호텔이라는 단어가 우리에게 널리 알려지기 전에 불린 호칭이다. 덕수궁과 가까워 당시 외교사절이 주로 머물던 손탁호텔을 모티브로 했다고 한다.

호텔조리과 출신 쉐프들에게 있어 호텔은 실제 관광지이건 극 중

이건 눈여겨볼 수밖에 없는 중요한 장소이다. 호텔 투숙객들이 그 안에서 무엇을 먹고 마시는지 또는 쉐프들이 어떤 식재료를 사용해서 어떤 음식을 만드는지 간접적으로 볼 수 있기 때문이다.

엉투아네드 손딕이라는 여성이 1902년에 세운 손딕호텔에 머무르던 프랑스와 벨기에 외교관들은 그곳에서 프랑스 요리를 먹으며 고국의 향수를 달랬다고 한다. 그렇다면 이 프랑스 음식 재료는 어떻게 구해왔을까? 지금처럼 냉장·냉동 기술이 발달한 시대도 아니었고, 지구 반대편에 있는 프랑스에서 조선까지 오는 방법은 편도로 몇 달씩 걸리는 배밖에 없었을 텐데 말이다.

비밀의 열쇠는 바로 통조림이었다. 이 통조림을 최초로 개발한 사람 역시 프랑스인 쉐프 '니콜라스 아페르(Nicolas Appert)'였다. 나폴레옹이 한창 영국과 전쟁 중이던 18세기 후반, 계속된 전쟁으로 식량 보급의 한계를 느낀 군대에서 장기간 보관이 가능한 보존식에 관심을 가진 것은 당연했다. 전쟁에 참전한 군인들에게 영양가 있는 음식을 제때에 공급하는 것은 당시의 기술로는 한계가 있었다. 특히 병사들의 신선한 과일이나 채소류의 섭취 부족은 비타민 부족으로 이어졌고 그들은 괴혈병으로 인해 비전투 손실이 대량으로 발생하는 것을 인지하고 있었다.

1804년 프랑스 산업장려협회는 포상금을 걸고 음식물의 보존 방법에 대한 아이디어를 모았다. 프랑스 전역의 발명가들과 식품업자들이 너도나도 응모했다. 그중 아페르가 제안한 병조림 아이디어가 채택되었다. 고압 증기로 균을 제거한 병에 음식을 담아낸 후 코르크 마개로 뚜껑을 덮어 입구를 밀봉하는 방법이었다.

이것으로 음식의 운반, 보관 및 취사에 사용되는 시간을 크게 절약할 수 있었으며 프랑스 군대의 사기가 크게 올라갔다. 프랑스군은 부대의 행군 속도와 쉬는 시간의 보장으로 인해 전투에서 승리를 이어나갔다. 그 후 병조림이 전쟁의 판도를 바꾸는 것을 확인한 영국은 프랑스와 마찬가지로 각종 과학 단체와 기술자 협회에 병조림을 능가할 식품 보존법을 개발해달라고 공문을 발송했다. 이에 1810년 듀란드라는 사람이 주석깡통을 활용한 통조림 특허를 등록하게 되었고 전 세계로 퍼져 나갔다.

당시의 통조림은 난립한 제조 방법으로 인해 납 중독을 일으키기도 했다. 그러나 현대의 통조림은 언제 어디서든 휴대가 편해 구하기 어려운 식자재를 대신해주는 일등공신이 되었다. 남극 세종기지와 같이 김치를 구하기 어려운 곳으로 김치 통조림을 보낼 수 있게 되었고 양념깻잎, 콩자반, 연근조림처럼 훌륭한 밑반찬들을 전 세계 어디든지 보낼 수 있게 되었다.

글로리빈관에서 극중 인물들이 어떤 음식을 어떻게 먹었는지는 자세히 나오지 않는다. 하지만 손탁호텔에서 제법 많은 양의 통조림 음식이 손님에게 제공되었다는 것은 역사적인 기록에도 등장한다. 추후 손탁 호텔은 조선총독부가 설립한 조선호텔에 밀려 경영난에 허덕이다 경매에 나오게 된다.

지난 2017년 조선호텔에서 뜻깊은 행사가 있었다. 대한제국 시절 외교 사절단의 연회에 차려진 궁중 요리를 재현한 이 행사는 독일의 '에마 크뢰벨(Emma Kroebel)'이 쓴 책을 토대로 100여 년 만에 시연해 당시의 요리를 볼 수 있는 중요한 자리였다.

이날 재현한 황실 정식 만찬 메뉴는 정통 프랑스식 12코스로 진행되었다. 크넬 콩소메(고기단자를 넣은 맑은 수프), 구운 생선과 버섯요리, 꿩 가슴살 포도 요리, 푸아그라 파테(페이스트리 반죽으로 만든 파이 크러스트에 고기, 생선, 채소 등을 갈아 만든 소를 채운 후 오븐에 구운 프랑스 요리), 안심 송로버섯 구이, 아스파라거스와 홀란데이즈 소스, 양고기 스테이크, 스트링 빈스 볶음, 샐러드, 파인애플 아이스크림과 치즈, 디저트와 커피 및 식후주로 구성했다.

대한제국 당시에 굴은 우리나라의 해안에서 얼마든지 구할 수 있었으나 송로버섯과 캐비어는 유럽에서 가져온 통조림을 사용했다. 크넬 콩소메 수프는 프랑스식 완자를 닭고기와 채소를 끓인 육수에 내놓았고, 푸아그라도 통조림에 담겨 수입되었다. 치즈와 버터는 일본 삿포로 지방에서 들여왔는데 식자재가 많이 수입된 것을 보면 꽤 신기하다.

응답하라 1988,
지금은 빵의 전성시대

　이 책을 쓰기 위해 요리의 역사를 정리하며 공부하다 보니 드라마나 영화가 당시의 시대상을 알게 하는 매우 중요한 자료라는 생각이 들었다. (물론 퓨전 드라마 말고 시대극이나 사극에 한해서다.) 그런데 우리나라 드라마에는 유독 술을 마시고 음식을 먹는 장면이 자주 나온다. 특히 드라마 주인공들이 함께 식사하는 장면은 한국 특유의 정(情) 문화를 떠올리게 한다.

　tvN 「응답하라 1988」에 나오는 덕선이네 집은 요즘과 비교해 최소 두 배가 넘는 음식을 먹는다. 지금의 밥그릇보다 두 배 정도 큰 스테인리스 밥그릇에 김이 모락모락 풍기는 밥이 가득 채워져 있고 쌈 채소가 수북한 접시에 나오며 그 옆으로 갖은 종류의 김치가 등장한다.

　하지만 놀라운 것은 조선 시대의 밥그릇은 덕선이네 것보다 훨씬 더 컸다는 사실이다. 마치 현대 우리의 국그릇과 밥그릇을 바꿔놓은 듯도 하다. 우리가 가끔 들어봤을 '고봉(高峰) 밥'은 손님에게 높은 봉우리처럼 밥을 잔뜩 올려 대접하는 미덕이었다. 당시 생활상을 기록했던 여러 이방인은 하나같이 조선 사람들을 대식가라고 부른다.

프랑스 선교사 다블뤼는 "조선의 어머니들이 아이들에게 밥을 먹이는 방법은 아이의 배를 손으로 두들겨 보면서 뱃속 가득해질 때까지 밥을 채워 넣는 것이다", "노동하는 사람의 식사량은 보통 1리터가 넘는다. 커다란 사발 가득 음식을 넣고 먹는다", "60대 중반의 노인은 식욕이 없다며 5공기를 먹었다"라고 당시 상황을 전했는데 사람이 저렇게 많은 양의 밥을 먹는구나 하는 놀람이 새어 나온다.

성인 남성은 보통 하루 평균 2천 칼로리의 열량이 필요하다. 조선 시대처럼 고기 없이 밥과 국, 김치, 채소와 나물만으로 이루어진 식사를 하게 된다면 한 끼에 5백 칼로리를 넘기기가 쉽지 않다. 하루에 두 끼 이상을 먹기가 힘들었던 당시에는 밥의 양을 두 배로 늘리는 것을 해결책으로 삼았던 것이다. 지금과 비교하면 정말 말도 안 되는 노동 시간을 당연하게 여겼던 옛 선조들은 '밥심'으로 그 고된 시간을 버티셨다.

중국의 진나라에서 한여름에 신하들에게 고기를 나누어주며 기력을 보충하게 했다는 데서 유래한 삼복. 한국에서는 초복, 중복 그리고 말복에 보통 삼계탕, 추어탕, 장어 등이 많이 소비된다. 삼계탕 한 그릇에 대략 1천 칼로리가 되는데 삼복더위에 삼계탕을 먹는 것은 일 년에 몇 번이라도 제대로 된 단백질을 보충하기 위한 선조들의 지혜가 담겨 있다.

밥을 정말 많이도 사랑한 우리 선조들. 한 도자기 제조기업이 지난 70여 년간의 밥그릇 용량의 크기를 조사해본 결과, 1940년대 약 680ml였던 밥그릇이 2013년 190ml 수준으로 1/3 이상 줄었다고 한다. 현대인들의 밥 소비량이 줄었다는 것은 다른 음식으로 기호가 바뀌었다는 것인데 그것은 바로 빵이다.

한국에서 빵의 역사는 1700년대 일본에서 건너온 '팡'을 시초로 보지만 실제 빵이 우리에게 널리 보급된 것은 1960~70년대 밀가루 제분 기술이 가능해진 시점부터이다. 그때 밀가루를 사용하는 '분식'이 장려되면서 동네 빵집과 공장식 제빵 회사들이 우후죽순 생겨났다.

우리나라의 빵이 미국에서도 인기를 끌 수 있었던 이유는 조금 색다르다. 서양에서 빵은 주식이기도 하지만 주식을 보조해주는 쌀밥 같은 역할로 보통 밀가루에 이스트 그리고 약간의 소금만 넣어 발효시킨 것을 오븐에 굽는 것으로 비교적 레시피가 간단하다. 하지만 일본의 제과제빵에 많은 영향을 받은 우리나라의 빵은 밥이 물릴 때 먹는 간식의 개념에서 출발해 여러 가지 속재료 등을 넣어 달콤하고 식감이 좋다.

그리고 우리나라의 제빵 기술 또한 제조업과 식품 가공업의 발달 덕분에 계속 발전해왔다. 그리고 한국에서 생산된 생지를 급속 냉동하여 해외로 배송해, 현지에서도 한국 제과제빵의 맛을 거의 그대로 느낄 수 있게 만드는 콜드 체인 기술이 발전되어 있다. 그래서 한국 프랜차이즈 빵집들을 요즘 외국에서도 쉽게 접할 수가 있는 것이다.

　미국 북가주 현지에 파리바게뜨 매장 5개 이상을 오픈하면서 느낀 점은 현지에서도 한국식 빵이 먹힌다는 것이다. 우선 매대에 진열되는 생크림 케이크, 빵과 페이스트리들의 가짓수가 많다. 매대에 진열된 생크림 케이크의 화려한 디자인, 현지에서 수확된 제철 과일들을 이용한 페이스트리들과 샌드위치 등 약 100종류의 빵과 과자류들이 동시에 한 매장에 있다는 것만으로도 현지인들에게는 신선한 문화 충격이었다. 미국에 파리바게뜨가 생기기 전만 하더라도 빵이나 케이크류는 동네 대형 슈퍼마켓에서 사는 게 가장 일반적이었다. 물론 몇몇 맛있는 개인 빵집들이 있었지만, 한곳에서 이렇게 다양한 제품을 취급하는 전문 빵집들이 없었다는 뜻이다.

　요즘 들어 미디어의 영향으로 인해 SNS에 올릴 독특한 콘셉트의 디저트나 빵집들이 점점 늘어나는 추세다. 나도 가끔 미디어를 통해 독특한 콘셉트의 카페들을 볼 때마다 그 아이디어에 감탄하고는 한다. 그래서 몇몇 매장들은 메모해두었다가 한국 방문 때에 들러 보기도 한다. 도대체 그런 아이디어들은 전부 어디서 나오는지 경외감마저 든다.

　우리나라의 제과제빵 기술은 한국인의 입맛에 맞춰 함께 발전했다. 과거에는 일본을 벤치마킹하기에 급급했다면 요새는 반대로 일본에서 한국의 제품들을 벤치마킹하러 많이 온다고 한다. 초기에는 일본에서 건너온 카스텔라, 크림빵, 단팥빵처럼 열량과 달콤함을 토대로 우리에게 빵을 익숙하게 만들었다면 지금은 갖가지 떡을 활용해 함께 넣은 인절미 빵, 쑥 빵처럼 우리의 독창적인 빵도 만들어 내고 있다.

자주 드는 생각이지만 한국에 정말 좋은 빵집들이 많이 생겨 이곳 미국에도 진출해서 많은 한국 사람들이 부와 명성을 쌓았으면 좋겠다. 그래서 이곳에서도 한국의 맛이 한식만이 아니라 빵에도 일가견이 있다고 널리 알리고 싶다.

3. 세계 3대 진미,
   중국 요리 이야기

해물파전,
대한민국 버전 vs 칭다오 버전

우리나라의 요리가 중국과 일본에서 많은 영향을 받았다는 것은 부인할 수 없는 사실이다. 그만큼 서로 많은 교류가 있었으며 경쟁했기 때문이다. 우리나라의 요리가 다소 다양하고 독창적인 느낌이라면 중국 요리는 의외로 공식에 충실하고 특히 식재료가 어떻게 쓰이는지를 쉽게 이해할 수 있다. 셀 수조차 없이 많은 중국 요리는 철저하게 이 공식을 이용한다.

중국 요리를 세계 3대 요리로 꼽는 이유 중 하나는 지역 특성에 맞춰 다양한 맛과 스타일이 창조되고 식재료의 중요성을 잘 알려주는 요리이기 때문이다. 특히 중국 요리는 레시피의 비율과 조리 기술을 매우 중요시한다. 샌프란시스코는 미국에서 가장 먼저, 세계에서 가장 큰 차이나타운이 생겼는데 그만큼 중국 요리가 발달해 있다.

중국 요리는 편의상 네 개의 지역으로 구분하는데 미국과 면적은 비슷해도 도로망이 촘촘하지 않아 지역 요리가 폐쇄적으로 발달할 수밖에 없었다. 대표적으로 상하이식, 쓰촨식, 북경식, 광둥식, 이렇게 넷으로 나눈다. 한 지역이 우리나라의 서너 배 이상 되는 광활한 지역이라 같은 북경식이라고 해도 요리 맛이 다 다르다.

중국 요리는 동서남북 방향을 잡으면 쉽다. 우선 산둥 요리로 유명한 칭다오는 중국 동쪽 산둥반도에 속해 있다. 인천과 거리가 가까워 한국식 중화요리의 원류가 되는 요리가 많다. 실제로 칭다오 지방에서 비가 내리면 반나절 후 인천, 서울도 흐리거나 비가 내리기 일쑤이다. 그리고 중국발 미세먼지나 황사가 불어오는 방향과도 일치한다.

칭다오 요리는 황해(우리나라의 서해)에서 잡아 올린 해산물 요리가 중심이다. 그래서 해물파전, 굴 요리, 새우볶음밥, 주꾸미 볶음처럼 우리가 흔히 들어보고 먹어본 해산물 요리와 비슷한 것들이 많다. 또한, 칭다오는 맥주로도 유명한데 중국인들은 맥주를 미지근한 온도로 마시는 것을 선호하는 반면, 우리나라는 일본처럼 한 모금 마시면 머리가 울릴 정도의 차가운 맥주를 선호한다.

과거 중국의 산둥반도 지역이 독일의 식민 지배를 받았다는 것을 아는가? 독일뿐만 아니고 다른 유럽 열강들과 일본까지 산둥반도의 칭다오를 여러 구역으로 나눠 공동으로 지배했었다. 그래서인지 칭다오는 중국의 다른 지역에 비해 반강제적이나마 선진 문물을 매우 빠르게 받아들일 수 있었다.

　우리나라 사람들이 소주가 없으면 중동 건설 프로젝트 현장 업무 진행이 더뎌지듯 독일 사람들은 무조건 맥주를 마셔야 일을 할 수 있었다. 그런데 유럽에서 칭다오로 들어오는 들쭉날쭉한 화물이 운송 시간과 도난 등 현지에 진출한 독일인들에게 본국에서 운송해오는 맥주는 막연한 기다림의 연속이었다. 그래서 맥주 없는 삶을 견디다 못한 독일인들은 1903년 영국과 합작하여 영국의 자본과 독일 기술자들이 합쳐 들여온 맥주 제조 설비를 가지고 지하수로 맥주를 만들기 시작했다. 그때 만들었던 맥주가 지금 세계적인 명성을 떨치게 된 'Tsingtao' 맥주의 시작이었다.

　그래서인지 중국인들은 해물파전을 먹을 때면 칭다오 맥주를 함께 마시는 것을 선호한다. 우리나라 사람들은 파전에 막걸리가 제일 잘 어울린다고 생각하겠지만, 그때 중국인들은 막걸리의 참맛을 몰랐던 것 같다. 다른 나라 사람들의 취향을 존중해주자.

　칭다오식 해물파전의 요리법은 우리나라와 비슷하다. 앞에서 언급한 것과 마찬가지로 해산물이 풍부해 조개, 오징어, 새우 등이 쓰인다. 파가 들어가는 것도 똑같다. 산둥의 대표적인 밭작물이기 때문이다. 그다음에 준비할 게 부침가루나 밀가루인데 밀가루는 정말 중요한 식재료이기 때문에 여기서 잠깐만 깊게 들어가 보자.

밀가루는 사전적 의미로, 밀의 낱알을 분쇄하여 만든 곡물가루를 부르는 말이다. 그런데 밀가루도 별것 아닌 것 같지만 몇 가지 종류가 있고 그 차이가 존재한다. 아마 집에서 빵 좀 구워보신 분들은 잘 아실 것이다. 강력분, 중력분, 박력분이 그것이다. 이는 밀가루의 글루텐 함량에 따라 나뉘는 것으로 일반적으로 세 종류의 밀가루 차이를 정확히 아는 경우는 드물다.

이것들은 다시 영어식으로 알아보면 좀 더 쉽게 구분할 수 있는데 '밀가루(Flour)'는 Bread Flour, All Purpose(Plain) Flour, Cake Flour로 나뉘게 된다. 같은 밀가루에 관한 단어이지만 영어로는 꽤 직관적이다. 강력분은 빵을 만드는 Bread Flour이고 박력분은 Cake Flour와 같은 의미로 케이크를 만드는 데 쓰인다. 중력분은 어디든 쓰이는 만능이다. 우리가 집에서 빵이나 케이크를 만들 게 아니라면 중력분을 선택하면 된다. 이렇게 알고 나면 너무 쉬운데 설명이 어려우면 포기하기 쉽다. 학문의 영역이 아니니 너무 끙끙거리지 말자. 따라서 밀가루는 All Purpose(Plain) Flour 즉, 중력분 정도만 집에 있으면 된다. 이것만 있으면 웬만한 밀가루 요리는 집에서 다 만들 수 있다.

그런데 요즘엔 해물파전을 만들고 싶다면 중력분 대신 부침가루를 쓰면 된다. 부침가루는 밀가루계의 커피믹스라고 보면 되겠다. 중력분 밀가루에 설탕과 소금이 알맞게 들어 있으며 심지어 계란 파우더와 전분, 베이킹파우더가 들어있는 제품도 있다. 이런 만능

치트 가루가 있다니… 요리하기가 정말 쉬워졌다. 우리나라 사람들은 늘 효율적인 상품을 내놓곤 하는데 소위 일머리가 좋아서다.

자! 이제 해물파전을 만들기 전에 '전(煎)'이 뭔지 알아보자. 전은 '앞 전(前)' 자 아래에 '불 화(火)' 자가 들어 있는 한자다. 이는 기름을 먼저 두르고 불을 붙여 식재료를 달구어 먹는 요리라는 뜻이다.

순우리말로는 부침개, 전이라고 표기하고 지짐이라고도 부른다. 지짐이는 표준어이기도 하지만 방언으로 분류하기도 한다. 지금도 전을 부치거나 지진다는 말을 하는데 일본어로도 전은 지지미(チヂミ)라고 부른다. 부침개와 비슷한 일본의 전 요리로는 오코노미야끼, 몬자야끼 등이 있는데 일본으로 건너간 경상도 출신 재일 한국인들이 만들었다는 설이 존재한다.

부침가루를 물에 개어 모둠 해물과 부치면 해물파전, 그리고 양념한 소고기, 쪽파와 계란을 넣어 부치면 동래파전, 배추를 넣어 부치면 배추전, 김치를 넣으면 바로 김치전이 된다.

부침가루와 물은 1:1.5~2 비율이 제일 좋은데 사용하는 부침가루의 뒷면 사용법을 잘 읽어보면 된다. 참고로 집에 계량컵 하나쯤은 있는 게 편하다. 그래야 요리 실력이 는다. 물을 조금 많이 넣는 경우도 있지만 나는 해물 식재료의 경우, 자체 물기가 있어 1:1 비율이 적당하다고 본다. 조금만 찾아보면 SNS에서 맛있는 부침개 레시피를 쉽게 찾아볼 수 있으니 한번 보시고 꼭 만들어 먹어보시길 바란다. 파전 만드는 것, 생각보다 어렵지 않다.

장맛비가 내리는 어느 꿉꿉한 여름날, 종로 피맛골에서 먹던 해물파전에 막걸리가 갑자기 생각난다. 그때 같이 한잔하던 우리 롤링힐스 호텔 조리부 사람들도 말이다. 밤 10시밖에 안 되었는데 막차 끊긴다고 빨리 집에 들어가라며 정겨운 욕(?)과 함께 우리 잔을 뺏어 가시던 욕쟁이 할머니도 그립다.

삼국지 유비의 본거지인
촉의 쓰촨 요리

유비는 익주(益州) 지역을 차지한 후 촉나라를 세웠다. (내 이름 익주(益柱)와 동음이의어다.) 역사적으로 익주를 파군(巴郡)과 촉군(蜀郡)으로 구별했고, 송나라 때는 이를 4개로 구분해 사천(四川) 지방이 되었다. 우리는 중국 지명을 사천, 북경, 광동, 청도 등 한자식으로 부르지만 사천보다는 가급적 중국 현지식 발음인 쓰촨으로 부르는 게 낫다. 미국에서 말이 안 통한다.

2010년 2월 유네스코에서 놀랄만한 소식이 들려왔다. 바로 중국 쓰촨성에 있는 청두를 아시아 최초의 '미식의 도시(City of Gastronomy)'로 지정한 것이다. 매운맛으로 유명한 쓰촨 요리는 우리나라 음식과 비슷한 것 같으면서도 다르다. 쓰촨 요리는 우리에 비해 향신료를 많이 쓰는데 그 향으로 인해 우리 입맛에 거부감이 들 때도 있기 때문이다. 또한, 쓰촨 요리는 매운맛과 요리가 다소 건조하다는 점이 특징인데 이는 쓰촨과 가까운 중국 북서쪽에 있는 신장 위구르의 영향을 받았기 때문이다.

신장 위구르 지역은 그 넓이만도 한반도의 다섯 배가 될 정도로 중국에서도 넓은 편이다. 러시아, 몽골을 비롯해 인도, 파키스탄, 카자흐스탄, 키르기스스탄, 타지키스탄, 아프가니스탄 등 여러 나라와 국경이 닿아 있을 정도며 위구르족들은 이슬람교를 믿는 투르크 민족과도 먼 친척뻘이며 유목민들의 후손이기도 하다.

보통 유목민들은 농경 문화권 사람들과는 달리 음식을 보관할 때 건조하거나 훈제해서 보관한다. 식재료의 수분을 거의 남기지 않아야 음식물이 상하지 않고 이동이 쉽기 때문이다. 신장 위구르 지역과 마찬가지로 대체로 양고기 요리가 발달한 중동 지역은 유목민들이 양이나 염소를 먹일 목초지를 찾기 위해 늘 이동하면서 살았다. 그들은 이동하다가 식사 시간이 되면 말린 양고기나 소고기를 채소와 함께 끓여서 스튜처럼 먹었고 딱 먹을 만큼만 요리해 음식을 남기는 법이 없었다.

그러던 어느 날 위구르 유목민들은 중동 지역의 유목민들과 물물 교환하다가 그들에게서 여러 종류의 향신료들을 들여왔는데 이것을 자신들의 음식에 첨가해 먹기 시작했다. 그리고 이 향신료들이 그들과 가까운 지역의 쓰촨으로 전해져 지금의 쓰촨 요리에 많이 쓰이게 되었다고 한다.

쓰촨 요리 하면 샤부샤부와 비슷한 훠궈가 유명한데 혹독하기로 유명한 쓰촨의 겨울 강추위를 견디기 위해 만들어 먹었던 보양 음식에서 유래했다. 입이 얼얼할 정도로 매운 향신료들을 육수에 넣고 끓여 오리 내장을 비롯해 신선한 재료들을 끓는 육수에 담갔다가 꺼내 소스에 찍어 먹곤 한다. 특유의 향으로 인해 호불호가 갈리지만, 우리나라에서도 한동안 유행했었다.

그리고 쓰촨의 다른 유명한 요리로는 마파두부가 있다. 마파두부는 두부와 돼지고기, 된장, 고춧가루, 고추장, 간장 등으로 만든 양념장에, 기름에 볶은 고추와 마늘을 넣은 후 두부와 함께 볶아서 먹는 요리다. 지금은 편리하게 마파두부 양념장이 시중에 많이 나와 있어서 두부와 양념장만 있으면 집에서도 편하게 요리할 수가 있다. 마파두부는 세계적으로 사랑받는 요리 중의 하나로 나도 가끔 집에서 요리해서 먹곤 하는 별미이다.

또한, 우리나라에서 유명한 마라탕은 채소, 고기 등 꼬치에 꽂은 온갖 식재료들을 특유의 맵고 얼얼한 국물에 넣어 끓여 먹는 것이다. 여기서 '마라'는 얼얼하다는 뜻으로 입안을 얼얼하게 만들 수 있는 향신료들을 넣고 끓이면 그것을 마라탕이라 한다. 하지만 지금

시중에서 먹을 수 있는 맛은 어느 정도 정형화가 되어 있는 듯하다. 쓰촨에서 구할 수 있는 온갖 재료들을 꼬치에 꽂아 먹던 마라탕은 강변에서 일하던 어부들에 의해 탄생했다고 한다. 온종일 물에서의 고된 노동으로 인해 따로 밥을 챙겨 먹지 못했던 어부들이, 일을 마치고 하나둘 강가에 모여 솥을 걸고 물을 끓인 후, 팔지 못한 생선이나 챙겨온 채소 혹은 고기들을 꼬치에 꽂아 펄펄 끓는 솥에 넣어 나눠 먹은 데서 유래했다.

이렇게 그 당시 서민들의 생활상이 담긴 요리들은 나중에 그 나라 사람들의 소울 푸드가 되곤 한다. 그래서 우리나라 사람들은 그렇게 국밥이 끌리나 보다. 고기 한번 먹기 힘들었던 그 시절. 소의 힘줄이나 뼈 그리고 머리 같은 것들을 푹 끓인 국물에다가, 쌀에 보리를 많이 섞어 쌀밥인지 보리밥인지 모를 밥에, 고기가 목욕한 것 같은 국물을 말아서 먹고 고된 하루를 마무리했던 그 시절. 그때 그 시절 사람들의 애환이 담겨 있는 국밥. 앞으로 50년 후의 소울 푸드는 뭐가 되어 있을지 궁금하다.

중국 고급 요리의 대명사, 광둥 요리

중국의 옛 속담에 "광저우에서 먹고, 쑤저우에서 입고, 항저우에서 놀고, 류저우에서 죽는 것이 으뜸이다"라는 말이 있다. 그만큼 광둥 요리를 중국에서 최고로 쳐주는 것이다.

　광둥 요리는 중국 남부 광둥 지방의 요리 스타일을 부르는 말로, 해산물과 육류, 채소를 많이 사용한다. 우리가 외국에 나가서 먹는 중국 요리 대부분은 광둥 요리인 경우가 많다. 광둥 지방은 홍콩, 마카오 그리고 대만 등을 포함하는데 이들 지방은 예로부터 유럽과의 교류가 활발해서 그들의 영향을 많이 받았다. 식재료 또한 마찬가지로 그때 당시 농사 등의 이유로 중국에서는 잘 먹지 못했던 소고기를 이용한 요리가 발달해 있는 것을 볼 수 있다. 그리고 토마토와 케첩, 브로콜리 등 외국 식재료를 이용한 특색 있는 요리들도 지금은 아무런 위화감 없이 광둥 요리의 일각을 차지하고 있다.

　온화한 아열대 기후에 3모작도 가능한 논밭을 가진 광둥 지역은 바다까지 끼고 있어 온갖 식재료를 구하기 쉽다 보니 산해진미를 만들 여건을 고루 갖추고 있다고 볼 수 있다. 또한, 일찍부터 외국과의 활발한 교류를 통해 여러 가지 조리법들이 발달할 수밖에 없는 천혜의 환경을 두루 갖추었다. 특히 중국의 다른 지역에서는 잘 먹지 않는 생선회와 새우회 등을 즐기기도 하는데 날씨가 더워서 많이 소비되지는 않는다고 한다.

　상해와 가까워 서로 영향을 받은 요리들이 존재하는데 우리가 흔히 상하이 덤플링(소룡포)이라고 부르는 만두와 같은 딤섬이 대표적이다. 이들은 또 일본식 중화요리에 많은 영향을 주었는데 중국의 만두와 같은 일본식 교자가 있으며 초기에는 난징 소바라고 불리던 중화 소바 등이 있다.

광둥 요리는 너무 다양하고 맛이 뛰어나 우열을 가리기가 힘들 나. 그중에 우리에게 잘 알려진 몇 가지만 소개하도록 하겠다.

✝ 새끼돼지 통구이: 말 그대로 새끼돼지를 통으로 숯불 위에 구운 요리다. 비슷한 요리로는 북경 오리가 있으며 바삭한 껍질의 식감이 일품이다. 하지만 일반 식당에서는 좀처럼 먹기 힘든 요리로 집에서 만들어 먹기도 힘들다. 중국 남부로 여행을 갈 기회가 있다면 한 번쯤은 꼭 먹어보기를 추천한다.

✝ 거위 구이: 광저우에서 내로라하는 식당에는 거의 있는 대표적인 요리이다. 이것도 북경 오리와 비슷하게 껍질을 바삭하게 만들기 위해 엄청난 공을 들인다. 맛있는 거위 구이의 조건은 '겉바속촉'으로 대변되며 오리와 마찬가지로 거위 기름은 대표적인 보양식으로 꼽힌다.

✝ 팔보채: 여덟 가지의 진귀한 재료로 만든 요리라는 뜻으로, 해삼, 새우, 소라, 오징어, 죽순, 표고버섯, 양송이버섯, 닭고기 등을 센 불에 볶아낸 음식이다. 요즘에는 이것들보다 더 나은 고급 식재료들을 쉽게 구할 수 있어 팔보채라는 의미가 많이 퇴색되었다. 지금은 전복이 들어간 전가복이 더 고급 음식으로 취급된다.

† 딤섬: 말 그대로 마음에 점 하나만 찍듯이, 아침과 저녁 사이에 간식으로 먹던 한입 크기의 중국식 만두에서 유래했다. 약 200여 종류의 딤섬들이 존재하는데 딤섬 전문 식당에 가보면 메뉴의 종류에 압도당할 때가 종종 있다. 주로 점심에 먹는 메뉴로 테이블에 앉아서 담당자에게 먹고 싶은 것을 골라서 주문하거나, 직원들이 테이블 사이로 끌고 다니는 딤섬 카트를 세워 맘에 드는 딤섬을 골라서 먹는 재미가 있다.

† 샥스핀: 상어지느러미로 만든 요리이다. 상어지느러미 자체는 아무 맛이 안 나는 무맛이다. 육수와 양념이 전체적인 맛을 좌우하며 상어지느러미는 젤라틴 같은 식감만을 보탠다. 미국에서는 상어지느러미 요리가 동물 학대에 해당한다며 수입 금지를 시킨 주(洲)도 있다. 그래서 어느 순간 메뉴에서 소리소문없이 사라졌다. 하지만 이곳 샌프란시스코 중국 식당의 단골손님들은 지금도 몰래 먹을 수 있다는 소문이 있다.

† 제비집 수프: 청나라 건륭제는 아침마다 조식으로 제비집 수프를 먹었다고 알려져 있다. 황제의 보양식으로 유명한 최고급 중국 요리. 바닷가 절벽에 자리 잡은 제비집을 따기 위해 목숨 걸고 오르는 사람들의 다큐멘터리 영상을 본 적이 있는데 도대체 저걸 어떻게 먹을 생각을 했는지 신기하기만 하다. 나는 것은 비행기, 네 발 달린 것은 책상만 빼고 다 먹는다는 중국. 우리 인간들의 상상력의 한계가 어디까지인지를 잘 보여주는 것 같다.

다양한 광둥 요리를 살펴보았다. 대체로 우리에게 익숙한 요리들이 많지만 우리가 알고 있는 중국 요리 대부분이 광둥 요리라는 것이 더 신기하다. 하지만 잘 생각해보면 우리 집 근처 중국 식당에서는 광둥 요리를 찾기가 힘들다. 동네에 있는 중국 식당들은 보통 산둥식이나 북경식이기 때문이다. 독자분들의 동네에 있는 중화요리 식당 중에 광둥 요리를 잘하는 곳이 있다면 바로 달려가 보시라. 그분들은 복 받은 것이다.

중국의 힘, 베이징 요리

청나라 시대부터 발달한 베이징 요리는 북부 지방에서 유래된 요리 스타일로 기름기가 적고 담백하다. 베이징 요리는 짧은 시간에 강한 화력으로 식재료를 조리해 재료 본연의 맛을 살린다. 이것은 혹독한 겨울 영향을 받아서다. 땔감 쓰기도 부족한 목재를 아끼기 위해 순간 화력으로 빠른 조리법을 개발시켰기 때문이다. 그리고 추운 지방답게 고열량 음식이 유명해 생선이나 해물류보다는 육류 요리가 발달하였다. 그리고 베이징에서 가까운 화북평원에서 생산되는 밀가루로 만든 각종 만두, 국수, 빵 등이 발달했는데 우리에게는 호빵이 친숙하다. 호빵의 '호(胡)' 자는 오랑캐를 뜻하는 말로 오랑캐가 먹는 빵이라는 설도 있다.

또한, 베이징은 청나라의 수도답게 전국 각지에서 올라온 수천 명의 요리사들이 모여 자신들의 실력을 뽐내었다. 그중에서도 황제의 부엌 '어선방(御膳房)'에 들어간 요리사들을 최고로 쳤다. 그런 베이징 요리에 가장 큰 기여를 한 것은 산둥 요리이다.

산둥성은 한국과도 가까워 우리나라와도 교류가 활발했는데 인천에 있는 차이나타운에 처음 자리를 잡은 화교들도 산둥성 사람들이 많았다. 산둥성에서 화북 밀가루로 만든 면으로 짜장면이 만들어졌는데 그게 우리나라의 인천으로 넘어와 우리 입맛에 맞게 계량된 것이 지금의 짜장면이라고 한다.

그렇게 베이징 요리는 전국에서 모여든 요리사들의 현란한 솜씨와 전국에서 수도로 진상되는 풍부한 식재료로 인해 발전에 발전을 거듭했다. 그들은 서민들이 먹는 음식과 귀족이나 왕족들이 먹는 음식에 철저하게 구분을 두었으며, 그때 당시 그들이 만든 협회에서 이를 철저하게 통제했다. 다행히도 청나라가 역사의 뒤안길로 사라진 후에도 그 요리사들의 기술과 맛은 대대손손 전승되어 여전히 우리 곁에 남아 있다. 이제는 어떤 사람이라도 돈만 있으면 귀족들이 먹던 음식을 먹어볼 수 있게 되었다는 뜻이다. 우리에게는 참 다행이라고 할 수 있겠다.

베이징 요리하면 대표적으로 '북경 오리(베이징 카오야)'를 꼽을 수가 있다. 영어로는 'Peking Duck'이라고 부르며 얇게 발라낸 바삭한 껍질을 전병이나 하얀 바오번에 달콤한 소스와 함께 말아서 먹는 요리로 맛이 아주 일품이다. 원래 명의 황제만을 위해 개발된 요리로, 북경 오리는 청나라 때가 되어서 일반인들도 즐길 수 있게끔 조리법이 공개되었다. 그렇게 유명세를 탄 북경 오리는 중국을 대표하는 요리가 되어 외국 정상들이나 국빈들이 중국을 방문하면 만찬 때마다 꼭 제공되는 요리가 되었다. 베이징에는 북경 오리로 유명한 수백 년의 역사를 자랑하는 라이벌 관계의 두 레스토랑이 있다. 바로 '취안쥐데'와 '비안이팡'인데 취안쥐데는 오리를 화덕에 걸어 굽는 방식으로, 비안이팡은 오리를 화덕에 넣고 밀봉해 도자기처럼 굽는 방식으로 유명하다. 샌프란시스코에도 Peking duck이 유명한 곳이 있으나 나도 언젠가 시간을 내어 베이징에 가서 원조 베이징 카오야를 꼭 한번 먹어보고 싶다.

그리고 우리에게 익숙한 탕수육도 북경을 대표하는 요리인데, (원래는 산동성에서 만들어진 요리로 보기도 하는데 베이징 요리의 기원이 산둥성이기에 탕수육도 베이징 요리로 분류한다.) 보통 소고기나 돼지고기를 밀가루나 전분 가루에 묻혀 기름에 튀긴 후 새콤달콤한 소스를 뿌린 것을 탕수육이라고 한다. 하지만 특이하게도 산동성에는 잉어 같은 생선류나 조개류를 튀겨 만든 다양한 요리가 존재하는데 이것들도 탕수육의 한 종류로 본다.

이 밖에도 기본적으로 마늘, 생강, 파를 많이 사용하는 우리와 매우 비슷한 조리 방식으로 탕 요리도 일품이다. 그래서 우리 입맛에 더 맞는 듯하다.

4. 용광로 같은
   미국 요리 이야기

애플파이 전쟁

애플파이는 우리나라의 국밥처럼 미국의 대표적인 소울 푸드로, 미국으로 건너온 영국, 네덜란드, 프랑스 이민자들이 파이를 만들어 먹은 것에서 유래했다고 한다. 처음에는 주로 고기나 호박으로 파이를 만들었는데, 어엿한 미국인들이 된 이들은 미국 동부에서 흔히 채집할 수 있는 능금을 사용해 파이를 만들기 시작했다. 이것이 지금의 애플파이의 시초이다. 그때 만들어진 초기의 레시피를 개량해 18세기에 미국에 맞는 그들만의 표준 레시피가 만들어지게 되었고 인쇄돼 널리 보급되었다.

그들이 떠나온 고향에 대한 향수를 달래주는 안식과 위로를 주는 음식으로 자리매김한 애플파이. 아메리칸 인디언들과의 교류에서도 꼭 빠지지 않고 챙겨 갔다던 애플파이는 환영과 접대의 의미로도 쓰였다. 미국 가정에선 엄마가 주방에서 애플파이를 굽고 있으면 오늘 집으로 친척이나 손님이 방문한다고 예상하는 것은 그리 낯설지 않은 광경이다. 특히 미국에서는 독립기념일(7월 4일)을 전후해서 무수히 많은 애플파이가 판매된다. 그들의 조상들이 고향을 떠나 바다 건너 신대륙에 무사히 안착했다는 의미와 이웃을 환영하고 접대한다는 의미로 말이다. 평소에도 애플파이는 베이커리샵들과 대형 슈퍼마켓의 베이커리 코너에서도 쉽게 찾아볼 수 있지만, 독립기념일에 판매되는 수량과는 비교할 수 없다. 우리나라의 대표적인 초콜릿 판매 성수기인 밸런타인데이를 생각하면 된다.

내가 4년간 몸담았었던 미국 현지 직영의 파리바게뜨를 예로 들면, 독립기념일 바로 전, 한 주 동안 판매된 애플파이가 파리바게뜨 연간 전체 애플파이 판매량의 3분의 1을 차지했다. 미국의 내로라 하는 유통 체인인 Costco, WalMart, Target 등에서는 매년 수천만 개의 파이가 판매되고 있다.

재밌는 점은 동부와 서부가 서로 다른 애플파이 레시피를 애용한다는 것이다. 수많은 음식들이 서로의 특별함을 주장하며 자기만의 독특한 레시피를 뽐내는 경우를 종종 봐왔지만 같은 나라의 같은 행사를 기념하기 위한 같은 파이의 레시피가 다르다는 것은 조금 독특하다. 아니 웬만한 대륙 크기인 미국으로 본다면 오히려 단 두 가지의 레시피라는 것은 너무 적은 것 아닌가 하는 생각도 한다. 미국이 주창하는 다름에 대한 포용 정책에 반하는 것은 아닌가 하는 생각이 들기 때문이다.

전통적인 조리법을 따르는 동부식 파이는 파이용 생지를 바닥에 깔고 그 위에 캐러멜 소스를 넣고 사과 조림을 올린다. 하지만 서부식 파이는 캐러멜 소스보다는 질 좋은 꿀을 넣어 캐러멜 소스의 단맛을 낸다. 같은 애플파이인데 동부와 서부가 서로 다른 레시피를 사용하는 것이다. 예를 들기에는 좀 부족할 수 있지만, 우리나라의 춘천 닭갈비, 수원 왕갈비, 장충 왕족발 등등 우리나라에 존재하는 수많은 비슷한 이름과 메뉴를 가진 식당들이 자신들이 원조고 자신들만의 특별한 레시피가 있다고 주장하는 것과 비슷하겠다.

자신들만의 시크릿 레시피와 차별화로 손님들에게 어필하는 대부분의 음식들은 결국 소비자의 이득으로 돌아올 때가 종종 있다. 같은 음식이지만 그 맛을 해석하는 쉐프들, 베이커(빵을 굽는 직업)와 파티쉐(pâtissier, 케이크나 디저트를 만드는 직업)등의 성향에 따라 소비자들은 선택의 즐거움을 누릴 수 있기 때문이다. 반대로 경쟁하게 되는 이들은 치열한 생존의 투쟁이 펼쳐지는 것이다. 하지만 그와는 반대로 가격 담합과 인상이라는 우리가 원치 않은 결과로 이어질 때도 있다.

다행히도 미국 대형 유통 업체들은 이런 담합으로 인한 가격 상승을 원하지 않은 듯하다. 물론 담합 행위에 관한 처벌법이 무섭기도 하다. 가끔 느끼는 것이지만 미국의 대형 유통 업체들은 다른 업체들보다 조금 더 나은 제품, 조금 더 먹을 만한 맛으로 대중들에게 어필한다. 그렇다. 경쟁사 제품보다 아주 조금만 더 신경을 써서 만들 뿐이다. 이렇게 애플파이를 취급하는 많은 마켓들은 전단지에 애플파이 쿠폰 북을 뿌리며 손님들을 모으기도 한다. 물론 요즘은 잘 들여다보지도 않는 종이로 인쇄된 전단지로 말이다. 대형 유통 업체의 마케팅 담당자들도 잘 알 것이다. 요즘 사람들에게는 그들이 매주 보내는 인쇄된 종이 전단지는 처리하기 귀찮은 재활용 쓰레기, 그 이상도 이하도 아니라는 것을. 또한, 그런 전단지를 꼼꼼하게 읽고 쿠폰을 모으며 가격을 비교해보는 사람들은 흔치 않다는 것을 말이다.

그러나 나는 마켓에서 배포하는 전단지를 무척이나 좋아한다. 종이에 인쇄된 전단지들을 들여다보며 제철 과일들과 다른 식재료들에 대한 물가를 한눈에 살펴보고 공부할 수 있기 때문이다. 예를 들어 5~6월에는 체리가 제철이라 가격이 저렴하고 11~2월에는 던전네스 크랩이 제철이라 1년 중 가장 싸게 먹을 수 있다. 현지 식재료를 사진과 가격을 앉아서 쉽게 확인할 수 있고 가끔 할인 쿠폰도 얻을 수 있으니 일석삼조 정도 되는 셈이다.

미국 독립기념일이 다가오는 6월 말부터 7월 4일까지, 샌프란시스코 로컬 마켓에서는 독립기념일을 기리기 위한 다양한 크기의 애플파이가 매대에 전시되곤 한다. 당시 미국 가정에서 독립기념일에 애플파이를 구워 먹는 전통이 있다는 걸 몰랐던 나는 그저 사과가 제철이라 사과 소비를 위해 애플파이를 많이 만들어 파나 보다 하고 단순히 생각했다. 그리고 때마침 내가 보고 있던 광고 전단지에서 '쿠폰을 가지고 오면 $9.99짜리 애플파이를 $6.99에 판매'라는 문구를 보고 아무 생각 없이 마켓으로 가 애플파이를 사서 왔다.

애플파이를 어떻게 하면 맛있게 먹을 수 있는지 잘 몰랐던 나는 그냥 딱딱하게 굳은 파이를 맛없게 먹었던 적이 있다. 양은 또 어찌나 많던지 당시 나와 아내 둘이서는 도저히 다 먹을 수가 없었다. 나중에 같이 일하는 쉐프에게 나는 애플파이가 맛이 없는데 다른 사람들은 왜 먹는지 모르겠다고 하자 그는 웃으며 파이를 전자레인지에 30초만 돌려 먹어보라고 말했다. 집으로 가 전자레인지에 돌려서 애플파이를 따뜻하게 만들어 먹었는데 정말 맛있었다. 이래서 처음 시도해보는 음식들은 공부를 먼저 해야 하나 보다.

예전에 미국 동부에서는 겨울이 오면 갓 구운 애플파이를 샌드위치 백에 넣어 손난로 대용으로 주머니에 넣고 다니다가 식으면 먹었다는 이야기도 있다. 맥도날드, 버거킹, 파파이스 등 미국의 대형 프랜차이즈 디저트 메뉴에도 항상 들어 있는 애플파이. 우리와는 다른 역사와 문화를 가진 미국의 대표적인 소울 푸드. 음식에는 그 나라의 역사와 문화가 녹아 있다던 어느 다큐멘터리가 자연스럽게 생각이 난다.

**패스트푸드,
정크푸드라고 얕잡아 볼 수 없는 역사**

우리가 보통 생각하는 미국 샐러리맨들의 삶이란 철저히 워라밸을 지키며 주말에는 매번 도시 근교의 산이나 강으로 달려가 캠핑

하거나 지인들을 집에 초대해 바비큐와 맥주를 마시는 모습일 것이다. 하지만 불과 20세기 초반만 해도 미국 근로자들은 늘 시간에 쫓기다시피 살아야만 했다. 미국에서는 우리나라와의 월급과는 다르게 급여를 1주에 한 번 혹은 2주에 한 번씩 받는 것이 보통이다. 이러한 미국이 급여 문화가 정착된 것에는 수많은 요인이 있지만, 그 중에 주거비가 일정 부분 이상을 차지한다.

산업혁명 후인 19세기 중반에 많은 유럽인이 미국으로 쏟아져 들어왔다. 영국, 스코틀랜드, 아일랜드, 독일 등 유럽 대부분의 국가에서 세 차례에 걸쳐 대규모 이민단이 미국으로 들어왔으며 1907년도에만 130여만 명이 들어왔다. 이렇게 유럽에서 들어온 사람들에게 직장을 구하기는 하늘의 별 따기와 같았다. 어쩔 수 없이 그들은 하루 벌어 하루 렌트비를 내는 방에서 이민 생활을 시작해 1주에 한 번, 2주에 한 번 그리고 1달에 한 번씩 렌트비를 내는 집을 구해서 살게 되었는데, 이런 관습으로 인해 지금의 미국 급여체계가 정착되었다.

유럽에선 월급을 주로 주는데 중세 시대 용병들에게 월급을 지급했던 것에서 유래한 것으로 보인다. 월급의 영어 단어인 '샐러리(Salary)'가 로마 시대 용병들이 받던 급료인 '살라리움(Salarium)'이란 라틴어에서 나온 것도 우연은 아니다.

그리고 지금에 이르러서는 대다수 회사가 보통 2주에 한 번씩 급여를 지급해준다. 월급에 익숙한 우리가 생각하기에 미국의 급여제도는 적응하기 힘들 수 있지만, 미국인들에게는 그들의 소비문화와 깊숙한 연관이 있으므로 당연한 것이다. 세상에는 매일매일 하루가 다르게 신기술이 적용된 각종 전자제품, 자동차들, 의류 등이 쏟아져 나오는데 그것을 소유하고 싶은 욕구를 억누르기에는 2주도 한참 부족하기 때문이다.

그래서 미국인들은 최대한 일은 많이 하고 점심시간은 아껴야 했다. 도시락을 싸오면 좋겠지만 그렇지 못한 경우에는 간단히 허기를 때우는 패스트푸드가 필요했다. 아침에 출근하는 사람들은 보통 간단하게 빵 사이에 저렴한 햄이나 소시지를 끼워 갈색 봉투에 담아가는 경우가 많았다. 지금도 영어에는 도시락을 '브라운 백(Brown Bag)'이라고 하는데 대체로 샌드위치 도시락을 뜻한다.

이런 샌드위치 도시락을 대량으로 균일한 맛으로 제공되도록 만든 기업이 있는데 우리도 잘 아는 맥도날드다. 미국 동부 뉴햄프셔 출신인 딕 맥도날드와 마크 맥도날드 형제는 고등학교를 졸업한 후 극장 사업을 해보겠다는 계획을 세우고 캘리포니아 주로 이사를 했다. 하지만 4년간 이어진 그들의 사업은 실패하고 말았다. 비록 극장 사업은 실패했지만 한 가지 깨달은 것이 있었는데 그들은 극장보다 극장 앞 핫도그 노점이 장사가 더 잘된다는 사실을 파악한 것이다.

1937년 맥도날드 형제는 캘리포니아 아카디아에 '에어드롬(The Airdrome)'이라는 핫도그 판매점을 세웠는데 이곳이 바로 훗날 맥도날드의 전신이다. 그들은 핫도그 사업의 성공을 바탕으로 점포를 여러 곳으로 늘렸으나 제2차 세계대전 후의 불황으로 위기를 맞게 된다.

맥도날드 형제는 레스토랑 운영 방식을 전면적으로 재정비했다. 적극적으로 일회용품을 사용하기 시작했으며 공장의 조립생산 방식에 기초해 효율적인 주방 시스템을 개발했다. 이를 통해 음식을 제공하는 시간을 획기적으로 단축할 수 있었으며 생산 단가가 낮아져 저렴하게 음식을 제공할 수 있었다. 바야흐로 패스트푸드 프랜차이즈의 탄생이었다. 요리의 패러다임이 완전히 바뀐 셈이다.

혁신은 이루었지만 전문 경영 지식이 없던 그들은 큰 성공을 하기는커녕 고전을 면치 못하고 있었다. 그런 그들의 상황에 획기적인 변화가 찾아왔는데 1954년 밀크쉐이크 기계 영업사원이었던 레이 크룩을 만나게 된 것이다. 당시 밀크쉐이크 기계를 납품하기 위해 맥도날드를 방문했던 레이 크룩은 맥도날드의 공장 시스템에 큰 감명을 받고 전국 체인을 구상했다.

그는 맥도날드 형제를 설득해 프랜차이즈 사업권을 따냈으며 1955년 미국 일리노이 주에서 최초의 맥도날드를 런칭했다. 맥도날드는 모든 매장에 음식 메뉴는 물론 고객을 응대하는 방식, 가게의 색상, 종업원의 복장 등을 비롯한 상세 매뉴얼을 제작하여 배포하였으며 손님들이 어느 매장에서건 균일한 맛과 경험을 즐길 수 있도록 했다. 현대 프랜차이즈 사업의 교과서가 탄생했던 순간이다.

맥도날드의 역사는 미국이 잘하는 대량생산의 역사와 거의 비슷하다. 전 세계에 맥도날드가 없는 나라가 드물 정도로 어디서든 쉽게 접할 수 있게 되었지만, 사람들은 독일이 햄버거의 본고장임을 굳이 기억하려 하지 않는다. (물론 햄버거의 원조는 아직도 논란의 여지가 있는 게 사실이다.) 사실 독일식 햄버거는 미국식과는 스타일이 매우 다르다. 독일의 햄버거는 접시에 소시지와 다진 소고기나 돼지고기를 갈아 넣고 상추나 토마토, 양파 등을 넣어 먹는 요리다. 케첩, 마요네즈, 머스터드처럼 소스도 풍부하게 넣어 빵 사이에 갖은 재료를 다 쏟아 넣는 타입이다.

하지만 미국의 햄버거는 굳이 식탁에서 먹지 않아도 되는 간단함을 표방한다. 한 발짝 더 나아가 햄버거를 아예 종이로 포장해서 손에 소스가 묻는 것도 막고, 자동차를 타고 미국을 종횡으로 누비면서 언제 어디서나 쉽게 살 수 있고 차 안에서 먹기 좋도록 만든 간편식이다. 대량생산과 균일한 맛은 덤이다. 하나의 음식이 완벽에 가깝게 표준화되고 레스토랑 비즈니스에 우리의 상상 이상으로 파급적인 효과 (맛있는 음식만으로 승부를 보는 것이 아닌 콘셉트로도 충분히 성공할 수 있는 사례를 보여줌)를 내게 되었다는 게 놀라울 뿐이다.

이렇게 음식은 조금만 깊게 들어가 보면 재미있는 역사가 스며 있다. 누군가의 필요에 따라 혹은 우연히 발전하는 음식과 비즈니스의 연결고리. 이제는 패스트푸드가 왜 발전할 수밖에 없었는지 이유를 알았으니 정크푸드라고 너무 무시하지는 말자. 그리고 내 뱃살에 조금 덜 미안해하자.

쉐이크쉑과 인앤아웃 그리고 파이브가이즈

미국의 햄버거 산업을 살펴보면 외적인 면에서는 맥도날드, 버거킹의 양자 구도가 맞다. 하지만 나를 비롯한 많은 사람들은 이 와중에도 더 나은 맛을 찾는다. 거기에 딱 맞는 햄버거 브랜드가 최근 한국에서도 인기 햄버거로 자리 잡으면서 세계 각국에 널리 진출하고 있다.

먼저 우리나라에서 '쉑쉑'으로 재밌게 불리는 '쉐이크쉑(Shake Shack)'은 뉴욕 메디슨 스퀘어 공원의 핫도그 카트에서 시작해(맥도날드와 성장 배경이 비슷하다.) 20년도 채 안 되어 뉴욕 증권거래소에 상장했을 만큼 큰 규모로 성장했다. '쉑이라는 허름한 판잣집(가판대)에서 밀크쉐이크를 판다'는 스토리 텔링 마케팅은 소비자들에게 크게 어필했으며 외식 산업적으로 큰 성공을 이루게 되었다.

창업자인 '대니 마이어(Danny Meyer)'는 소위 요리에 잔뼈가 굵은 사람이다. 유대인 출신에 집안 배경도 좋은 편이었고 정치학도였으나 어느 날부터 요리에 관심을 가지게 되었다.

이탈리아에서 관광업을 하는 아버지 밑에서 가이드를 하면서 이탈리아, 프랑스 보르도 지방에서 요리를 배울 수 있었기 때문이다. 요리에 자신감이 붙자 그는 드디어 뉴욕 맨해튼에 미국 요리와 이탈리안 퓨전 요리를 섞은 유니온스퀘어 카페를 열었다.

그것이 시작이었다. 처음 사업을 시작해 절반의 성공이라 자평한 후 그는 끊임없이 여러 레스토랑을 열고 꾸준히 경험을 쌓았다. 그리고 그때마다 발전하며 그 속에서 소비자들의 욕구를 정확히 찾아내는 기지를 발휘했다. 결국, 그는 쉐이크쉑이라는 브랜드를 만들고 이를 햄버거 산업의 명품 반열에 올려놓았다. 자신이 직접 요리책을 쓸 만큼 요리를 깊이 연구하기도 하고 경영도 꽤 잘하는, 내가 닮고 싶은 만능 사업가가 되었다.

그는 기존 프랜차이즈 햄버거와는 다르게 고급화 전략을 택했다. 햄버거 패티는 항생제와 호르몬제를 사용하지 않은 고급 다짐육 고기를 썼고 신선도를 위해 전날 밤에 만들어 다음날 사용했다. 그리고 하루가 지난 고기는 재고를 전량 폐기했다. 가장 신선한 양상추와 채소를 썼고 맥도날드처럼 미리 만들어 놓고 온열기 아래에 진열한 햄버거를 손님에게 판매하는 것이 아니라 주문받은 후 바로 햄버거 조리에 들어갔다. 그러자 이를 알아본 손님들과 유명인들의 입소문 덕에 더욱 명성을 얻게 되었다. 유명인들의 입소문으로 마케팅을 한 것은 부인할 수 없지만 그만큼 임직원들이 뒤에서 흘리는 땀과 노력을 깎아내려서는 안 된다.

요리에 관한 레시피가 저작권 보호를 받을 수 있을까? 갑자기 저작권 이야기를 하는 이유는 곧 소개할 인앤아웃 버거와 쉐이크쉑이 꽤 닮았기 때문이다. 식품 산업 관련 분야에서는 경쟁 관계에 있는 상대 업장에 자사 직원이 위장 취업을 해 대표적인 레시피를 훔치거나 배워 거의 유사하게 베끼는 것이 비일비재한 편이다. 유명 쉐프들도 각자 모방을 통해 발전하는데 이를 '베스트 프랙티스(Best Practice)'라고 한다. 비즈니스 세계에서 경쟁기업의 훌륭한 점을 우리도 배우고 잘 적용해보자 한 표현은 사실 '모방은 창조의 어머니'라는 뜻과 일맥상통한다.

'인앤아웃 버거(In-N-Out Burger)'는 역사가 꽤 오래되었다. 한인들이 많은 캘리포니아의 어바인에서 1948년에 점포를 연 이래 좀체 캘리포니아를 벗어나지 않았다. 그러다 반세기 만에 바로 옆 네바다 주에 프랜차이즈를 열게 되었다. 자신들이 선호하는 식재료의 신선도를 확보하기 힘들다는 생각이 들면 절대 확장을 검토하지 않았기 때문이다.

인앤아웃이란 상호는 독실한 크리스천이었던 창립자들이 신명기

28장 6절을 인용해서 지은 것이다. "네가 들어와도 복을 받고 나가도 복을 받을 것이다"의 구절인 "Blessed shall you be when you come IN, AND blessed shall you be when you go OUT"에서 따왔다. 독실한 창립자들의 신심에 의해 부활절, 성탄절 같은 종교적으로 기념하는 날들은 꼭 문을 닫고 휴일을 보낸다.

창업자 '스나이더스(Synders)'는 다소 고지식했지만 쇼맨십에 능했다. 특히 보통 햄버거 프랜차이즈에서 사용하는 냉동 감자를 사용한 프렌치프라이 대신 생감자를 잘라서 바로 튀겨낸 인앤아웃만의 특별한 프렌치프라이를 만들어냈다. 인앤아웃 매장에서는 유리창 너머 혹은 매대에서 아르바이트생들이 열심히 생감자를 손질하는 모습을 볼 수 있다. 음식을 주문하고 기다리는 손님들에게는 하나의 눈요깃거리이지만 관광객들을 제외한 현지인들에게는 그리 신기한 광경은 아니게 되었다. 그리고 그들의 햄버거 패티는 엄선한 정육점에서 냉동된 적이 없는 신선한 소고기를 받아 곱게 갈아 만들며 풍부한 채소가 들어간다. 그리고 밀크쉐이크 역시 좋은 원유를 사용하여 높은 품질을 보여준다.

패스트푸드는 시간이 생명이다. 그래서 가능하다면 매장에 두 곳의 문을 만들어 고객들이 편하게 드나들 수 있도록 하고 드라이브 스루가 가능토록 설계하려고 한다. 물론 땅값이 비싸기로 유명한 샌프란시스코라든지 맨해튼에는 해당하지 않는다.

자동차가 드라이브 스루 라인에 햄버거를 주문하기 위해 줄을 지어 기다리는 동안 우리는 인앤아웃에서 특별한 광경을 볼 수 있다. 보통 햄버거 프랜차이즈 드라이브 스루에서 사용하는 스피커폰으로 하는 주문이 아니라 주문용 태블릿을 목에 건 직원이 밖에 나와 길게 늘어선 차들에 다가가 직접 주문을 받는 광경을 말이다.

나는 이것을 굉장히 긍정적으로 생각하는 사람이다. 햄버거를 주문할 때 스피커폰 앞에 서는 순간 100M 달리기의 출발 선상에 선 것 같은 압박감(?)을 느낄 때가 많기 때문이다. 내 차 뒤에 늘어선 다른 차들로 인해서 말이다. 물론 나만 그런 것일 수도 있다. 대신 인앤아웃에선 고정된 스피커폰이 아니라 주문받는 직원이 조금씩 움직이는 차량에 맞춰서 걸어가며 주문을 받아준다. 그래서 좀 더 느긋하게 꼼꼼히 주문할 수가 있다. 나 같은 사람들에게는 정말 매력적인 서비스다. 인앤아웃 서비스 최고!

마지막으로 소개할 '파이브가이즈(Five Guys)'는 이름에서 알 수 있듯 다섯 명의 남자들이 의기투합해서 창업했다(창업자 제리 머렐과 그의 네 아들을 의미하는 것이다). 파이브가이즈는 앞서 소개했던 두 햄버거에 비해 크기가 더 크고 가격도 다소 비싼 편이다. 대학보단 하고 싶은 일을 하겠다는 아들들을 위해 가족이 그동안 차곡차곡 모아둔 대학 등록금으로 가족 창업을 한 독특한 기업이다.

파이브가이즈 매장에 가보면 재미난 실내장식을 볼 수 있다. 문을 열자마자 입구에 가득 쌓아놓은 땅콩 포대가 손님들을 반기는 것이다. 파이브가이즈는 이상하리만치 땅콩에 집착한다. 모든 햄버거와 감자튀김에 땅콩기름을 쓴다. 심지어 햄버거를 주문한 손님이 기다리는 동안에 심심하지 말라고 땅콩을 셀프서비스로 제공한다. 매장 입구에 가득 쌓아놓은 땅콩 포대의 용도가 바로 그것이다.

햄버거는 은박 종이에 싸서 주는데 보통 땅콩기름이 은박 종이에 비어져 나온다. 조금 과도한 면이 없지는 않지만, 햄버거를 받는 순간 우리는 놀라움과 마주하게 된다. 우선 두 손에 가득한 크기에 놀란 후에 햄버거의 묵직한 무게에 다시 한번 놀란다. 그리고 은박을 벗기고 햄버거를 한 입 베어 물면 그 엄청난 풍미에 마지막으로 놀라게 되는 것이다. 이 햄버거의 맛은 인앤아웃의 대척점에 서 있다.

인앤아웃의 햄버거가 채소에 고기를 곁들여 먹는 깔끔한 맛이 일품이라면 파이브가이즈 햄버거는 두툼한 두 겹의 패티 사이에 볶은 버섯과 치즈의 눅진한 맛이 어우러져 마치 "마! 그거 먹고 배부르겠어? 이 정도는 돼야지!"라고 외치는 듯싶다. 다른 햄버거들에 훈계라도 하는 듯한 무거운 맛과 풍미가 충격적이다. 그리고 땅콩기름에 튀겨 나오는 프렌치프라이의 양도 충격적이다.

나는 이곳에서 나오는 햄버거 세트를 한 끼에 다 먹어본 적이 단 한 번도 없다. 이런 땅콩은 파이브가이즈에게 상징과도 같다. 창업주들이 우연한 기회에 땅콩기름으로 감자를 튀기는 것을 보고 땅콩을 콘셉트로 좋은 재료를 써야겠다며 만들었기 때문이다. 참고로 파이브가이즈 매장엔 냉동고가 없다. 냉동고에 들어가는 순간 식재료는 신선도를 잃게 된다고 생각한 창업주들의 신념이 들어가 있기 때문이다.

신기하게도 미국에서 햄버거 삼대장으로 불리는 세 브랜드 모두 같은 개념에서 출발한다. 맥도날드나 버거킹보다 좋은 재료를 쓴다는 원칙이다. 그리고 그 전략은 매출과 브랜드에서 보듯 성공 길을 달리고 있다.

사람들은 불편함 속에서 편리함을 원하고 편리함에 익숙해지면 더 나은 것을 찾는다. 항상 점심으로 먹을 샌드위치를 싸 들고 다녔던 근로자들은 편리하게 프랜차이즈 매장에서 햄버거를 사 먹게 되었고, 그 편리함에서 이제는 맛을 추구하게 되었다. 그다음은 무엇일지 궁금하다.

햄버거, 과연 건강한 요리인가?

"햄버거는 과연 우리의 몸에 좋은가?" 하는 논쟁은 현재 진행형이다. 물론 우리가 먹는 무수히 많은 종류의 음식들은 모두 이 논쟁을 비껴갈 수 없다. '와인'만 해도 코르크 마개에서 나오는 암 유발 물질 때문에 암에 걸린다는 얘기가 있는가 하면, 프랑스의 한 장수

마을에 가서 연구를 해봤더니 마을 주민들 모두 와인을 하루에 한 잔씩 마시고 있더라는 얘기도 있다.

'커피'를 매일 마시면 불면증에 걸리고 심장에 무리가 간다거나, 커피를 하루 3잔씩 마시니 집중력이 향상되고 암이 치료되었다는 등 각종 정보가 넘쳐난다. 이런 사회에서는 우리가 원하는 정보만을 취사선택해서 한쪽 눈을 감고, 한쪽 귀를 닫고, 나만의 생각에 취해 행복(?)하게 살 수 있다. 독자 여러분들은 나처럼 무한긍정에 빠지지 말고, 부정적인 것도 살펴보며 좋은 정보만 취사선택하시길 빈다.

본론으로 다시 넘어와서 햄버거를 들여다보자. 햄버거의 기원은 샌드위치이다. 샌드위치는 빵 사이에 얇게 저민 햄이나 소시지, 신선한 채소와 소스를 함께 넣어 먹는 음식이다. 햄버거는 햄이나 소시지 대신 다짐육을 납작하게 눌러 만든 고기 패티와 채소를 넣은 것이다. 그래서인지 미국에서 브런치 레스토랑의 메뉴판을 살펴보면 샌드위치 메뉴란에 햄버거가 포함되어 있다.

독자 여러분들이 미국의 햄버거 삼대장을 두루 섭렵하셨는데도 현지의 다른 햄버거가 궁금하시다면 점심에는 브런치 레스토랑, 저녁에는 아메리칸 다이닝을 방문하시어 샌드위치 메뉴란에 있는 샌드위치를 주문해 드셔 보시면 좋겠다. 혹시나 뜻하지 않은 햄버거 '요리'를 득템하실 수도 있다.

사실 미국 사람들도 햄버거는 건강하지 않다고 느끼는 경우가 많다. 우리가 아는 햄버거는 앞서 언급한 것처럼 대부분 근로자들을 위해서 생긴 음식이기 때문이다. 짧은 시간에 먹을 수 있어야 하고, 쉽게 배가 불러야 하며 가격이 저렴해야 한다. 이 명제에 가장 부합하게 만들어진 음식이기 때문에 아무리 좋은 재료로 만든다고 해도 햄버거나 감자튀김 자체의 칼로리가 높고 기름진 음식임은 분명하다. 하지만 햄버거 프랜차이즈가 아니라 햄버거라는 음식 자체를 자세히 살펴보면 이것은 요리라 부르기에도 전혀 부끄럽지 않은 것 또한 사실이다.

햄버거의 기원은 명확하지 않으나 수천 년 전 고대 이집트인들이 고기를 갈아 먹었다는 기록으로 유추해보면 아주 오래되었다고 볼 수 있다. 하지만 현재 우리가 먹는 것과 같은 형태의 햄버거의 원형은 19세기에서 20세기로 비교적 최근으로 알려져 있다.

17세기에 러시아의 타르타르 스테이크가 독일 최대의 항구도시 함부르크로 전해졌고, 배를 타는 선원들에게 든든한 한 끼를 싼값에 제공하기 위해 러시아의 음식을 개량하여 출처가 모호한 질 낮은 고기를 간 다음 여러 가지 향신료를 넣어 새로운 음식을 만들었다. 이후 미국으로 건너간 독일 이민자들이 뉴욕에 레스토랑을 열어 '함부르크 스테이크(Hamburg steak)'를 팔기 시작한 것이다.

이렇듯 햄버거는 원래 스테이크로 팔리던 훌륭한 음식이었다. 필요에 의해 개량되어 식품 산업혁명의 1등 공신이 되었지만 말이다. 요즘도 미국 레스토랑에서 햄버기를 주문하면, 햄버거 패티와 신선한 채소들이 보이도록 맨 위의 빵을 비스듬하게 접시에 걸쳐서 주는데, 이것이 바로 전통적인 햄버그 스테이크의 서빙 방법이다.

이렇듯 햄버거는 햄버거라는 이름 자체로 건강을 논하며 비판을 하는 것보다는 어떻게 만들어졌는지를 보고 평가를 해야 한다고 생각한다. 한국 음식으로 예를 들면, 숙련된 명인이 24시간 동안 푹 삶은 사골 육수로 만든 곰탕과 시중에서 파는 사골 엑기스에 뜨거운 물을 부어 만든 곰탕이 다르듯이 말이다.

우리가 먹는 음식들은 모두 훌륭하다. 다만 산업화로 만들어진 레시피와 판매 방식의 차이만 있을 뿐이다. 요리사는 건강한 음식을 만들려면 한없이 건강한 음식을 만들 수가 있다. 그리고 반드시 그러도록 노력해야만 한다.

약진하는 인도인의 입맛, 탄두리 치킨

2022년 11월, 세계 인구가 80억 명을 넘어섰고, 그로부터 약 반 년 후인 2023년 4월, 인도가 중국을 넘어 세계 최대 인구를 기록하게 됐다. 그 숫자는 무려 14억2천만 명이다. 인도와 중국만 합해도 약 30억 명으로, 전 세계의 37%를 차지한다. 경이로운 숫자다.

　인구 3억4천만 명의 미국에 있는 인도계는 약 3백만 명으로 그리 많은 숫자는 아니다. 하지만 내로라하는 실리콘밸리 빅테크 기업 CEO 중엔 인도계가 그 어느 때보다도 많고, 점점 더 많아질 것으로 보인다. 인도는 흔히 자신들을 최고의 수출품이라고 부른다. 수학과 과학을 원체 잘하고, 영어가 모국어라 어찌 보면 인도계가 미국의 각종 산업을 이끄는 것은 당연할지도 모르겠다. 하지만 인도 내에서는 누릴 수 있는 환경이 안 좋아 가상공간의 컴퓨터 세상에서 시간을 보내다 보니 자연스럽게 컴퓨터에 익숙해졌다고 보는 시각도 있다. 생각보다 꽤 현실적이다. 어떤 이유든 인도계가 미국 전역에 침투하는 것은 시간문제다.

　사람들은 인도 음식 하면 커리(영어식 카레 발음)를 떠올린다. 인도는 중국만큼의 거대한 영토를 가지고 있고 다양한 인종들이 모여 6천 년 이상의 문화를 가꿔 살아왔기 때문에 그만큼 여러 음식이 발달했고 향신료 또한 발달해 수십 가지 향신료를 섞어서 요리를 만든다. 특히 '마살라'라고 부르는 복합 향신료 덕분에 인도 요리는 지역마다 또는 작게는 가정집마다 독특한 맛을 낸다. 우리나라에서 김치가 집집이 솜씨가 다른 것처럼 커리도 수십, 수백 개의 조합으로 이루어져 있다.

　가끔 '탄두리(또는 탄두르)'라는 화덕에 붉은 칠리를 발라 쇠꼬챙이에 끼워 구운 탄두리 치킨이 생각날 때가 있다. 탄두리 치킨은 인도 현지에서보다 영국인들이 더 좋아한다고 하는데 서구인의 입맛뿐만 아니라 우리나라 사람들에게도 널리 알려진 중독성 있는 닭요리이다. 나 또한 레스토랑 2호점인 '닭치킨(Dak Chicken)'의 메뉴로 고심한 적이 있었을 정도이다. 하지만 화덕을 새로 제작하는 비용과 후라이드 치킨과의 조화 그리고 화재 위험성을 높일 수 있다는 판단에 유보한 적이 있다.

이곳 실리콘밸리에 있는 인도 레스토랑들에는 특별한 점이 있다. 바로 뷔페 스타일로 음식을 제공한다는 것이다. 그래서 인도 레스토랑 하면 보통 뷔페로 인식하는 것이 대부분이다. 인도 레스토랑에 들어가면 독특한 향신료 향기가 확 뿜어져 나온다. 인도 음식에 익숙하지 않은 사람들에게는 좀 불편할 수도 있다. 하지만 나는 이 향기를 무척 좋아한다.

향신료의 배합에 따라 같은 재료로도 천차만별의 맛과 향을 낼 수 있는 인도 요리들은 나에게는 또 다른 도전과제 같기도 하다. 실제로 인도 슈퍼마켓에 가서 여러 향신료들을 구매해서 직접 나만의 마살라를 만들어 보기도 했다. 케이얀 페퍼 대신에 청양 고춧가루를 파프리카 파우더 대신에 고운 고춧가루를 넣어서 한국식 마살라를 만들어도 보았다. 물론 결과는 호평 일색이었지만 메뉴에 넣기에는 아직 갈 길이 멀었다. 그리고 인도 요리는 그들의 종교인 힌두교 때문인지 채식이 많이 발달해 있다. 그래서 요즘 이곳의 유행인

채식 메뉴에 관한 영감을 얻기 위해 사찰 음식과 인도 음식에 관심을 갖고 있다.

보통 요거트에 하루 정도 절인 닭을 화덕에 구운 것을 탄두리 치킨이라 부르는데, 탄두리 치킨을 만드는 방법만으로도 책 한 권을 뚝딱 쓸 수 있을 정도로 지역마다 조리 방법이 다르다. 카슈미르에서 만들어진 고춧가루와 마살라를 바탕으로, 소금간을 하고 요거트에 하루 정도 재워두면 닭을 손질할 때 냈던 칼집으로 양념이 잘 밴다. 이때 재밌는 건 재운 닭에 강황 가루를 바르고 화덕에 닭을 구우면 밝은 노란색의 탄두리 치킨이 나오고, 큐민 가루나 후춧가루를 쓰면 회색 계열의 탄두리 치킨이 나온다는 것이다. 개인적으로는 고춧가루로 만든 붉은색이 가장 먹음직스러운 듯싶다.

탄두리 치킨이 미국에 알려진 것은 영국에서 미 동부로 이주한 인도계 이민자들 덕분이다. 인도 남부 사람들과 파키스탄, 방글라데시, 스리랑카처럼 같은 역사를 공유한 이민자들의 슬픈 외화벌이 사연에서 비롯되었다. 남의 나라에서 허드렛일을 하며 고국의 향수를 달래야 했던 우리의 부모 세대들이 광부, 간호사로 독일에 가서 한국의 음식을 독일에 정착시켰던 과거와 묘하게 닮았다. 요리는 민생들의 역경과 고난, 처한 환경으로 불리곤 한다. 요리는 민족의 삶이다.

III.
미국이라는 나라

과거 아리스토텔레스가 철인이라는 표현으로 지혜로운 사람들이 이끌어가는 국가를 말했었다고 하는데, 미국의 탄생은 그걸 실현한 것이라고 보아야 한다.

1. 미국 건국의
   아버지들에 대하여

　미국인들의 영어 표현에 '파운딩 파더스(Founding Fathers)'라는 말이 곧잘 등장한다. 특히 7월 4일 독립기념일 무렵에는 뉴스나 언론 매체에 자주 나온다. 파운딩 파더스는 미국 독립전쟁과 관련된 미국 역사 초기의 5명의 대통령을 포함해 미국 독립선언에 참여한 정치인들을 일컫는 말이다. 우리나라도 3.1 운동 민족대표 33인이 역사책에 종종 등장하곤 했지만, 미국은 그 의미가 더욱 특별한 것 같다. 몇 안 되는 지식인이 세운 신생 국가라서 그럴까? 아무튼 미국의 역사에서 이들의 공로는 결코 빼놓을 수가 없다.

　'조지 워싱턴(George Washington)'은 독립전쟁 당시 총사령관으로서 미국의 초대 대통령으로 선출되었다. 위인전에서와는 사뭇 다르게 용맹한 군인보다는 온화한 멋을 아는 인물이었다고 한다. 특히 그의 중립적 외교정책은 오랜 기간 미국의 외교원칙이 되었는데 신생 국가로서 영국, 프랑스 등에 비해 힘이 부족했기 때문에 채택했다고 한다. 중국이 한때 미국과 겨루기 위해 어둠 속에서 힘을 기른다는 도광양회 전략을 잘 쓴 지혜로운 인물이었다.

　미국의 2대 대통령 '존 애덤스(John Adams)'는 조지 워싱턴에 비해서 유명세가 덜하다. 그의 가장 위대한 업적은 통찰력일 것이다. 그는 워싱턴을 총사령관으로 추대해 미국을 승리로 이끌고 아들 존 퀸시 애덤스를 6대 대통령으로 만들며 애덤스 가문은 미국 사회에서 완전한 명문가로 자리매김했다.

3대 대통령 '토머스 제퍼슨(Thomas Jefferson)'은 사실상 독립선언서의 초안을 작성한 사람으로, 과학, 예술, 정치, 외교 등 다방면에 뛰어난 계몽운동가였다.

4대 대통령인 '제임스 매디슨(James Madison)'은 이전 대통령들에 비하면 친숙하지 않지만, 헌법의 아버지로 불릴 만큼 미국 헌법의 기틀을 잡은 선각자이다. 그는 또한 미국을 얘기할 때 누구나 한 번쯤은 들어봤을 미국 권리장전의 주요 저자이며, 루이지애나 영토를 프랑스로부터 구입하여 미국 영토를 두 배로 늘린 장본인이다.

대통령들 외에 중요한 인물은 초대 재무장관 '알렉산더 해밀턴(Alexander Hamilton)'을 들 수 있다. 남보다 뛰어난 능력 탓일까? 정적이 많았는데 특히 '애런 버(Aaron Burr)'라는 정치인과는 앙숙이었고 결투에서 총상을 입고 세상을 뜬 비극적 인물이다.

대미는 역시 '벤자민 프랭클린(Benjamin Franklin)'이다. 미 역사상 가장 현명하고 존경받는 인물로 손꼽히는 그는 건국의 아버지들 중에서도 첫 손에 꼽힌다. 인쇄, 우편, 과학, 발명, 시민운동, 저널, 외교, 정치 등 그가 미국에 남긴 유산은 찬란함을 넘어 위대하기까지 하다. 특히 대학과 도서관 설립은 미국을 한층 성숙한 사회로 만들었고 인간이 갖추어야 할 덕목을 선정해 매주 빠짐없이 실천한 것으로도 유명하다.

이들은 모두 외교정책의 전문가였다는 공통점을 지닌다. 신생국 미국이 국제무대에서 제대로 인정받지 못하고, 13개 주가 단일 국가라고 불리기는 어려울 정도로 결속력이 떨어졌기 때문이다. 만약 영국에게 패배를 안기고 독립한 미국이 유럽을 상대로도 그 힘을 과시하고자 했다면 지금의 미국은 과거에 잠깐 등장했던 나라로 전해지며, 이미 지구상에서 자취를 완전히 감추게 되었을 것이다.

물론 건국의 아버지들이 모두 같은 생각으로 영국, 프랑스 등과의 전쟁을 피하고자 한 것은 아니었다. 대부분이 힘의 열세로 전쟁을 피하자는 입장이었으나 인본주의자였던 프랭클린은 민주공화국인 미국이 군주제 국가인 영국과 프랑스보다 훨씬 인간적이고 나은 정치체제를 가졌다고 여겨 스스로 평화를 더 지켜내자는 주의였다.

이렇게 단일 국가로 유럽과 맞먹는 미국을 건국한 것은 선각자 몇 명이지만 이들은 미국뿐만 아니라 세계 역사에 큰 발자취를 남겼다. 과거 아리스토텔레스가 철인이라는 표현으로 지혜로운 사람들이 이끌어가는 국가를 말했었다고 하는데, 미국의 탄생은 그걸 실현한 것이라고 보아야 한다.

2. 한 국가의 유산,
   르네상스맨들

한 나라가 탄생했다면 그들의 외교적인 노력뿐만 아니라 그 나라를 이끌어 갈 경제 활동도 매우 중요하다. 특히 당시의 미국은 자원이라고는 거의 없다시피 하고 광활한 영토만을 갖춰 겨우 식량만을 자급자족할 수 있었다. 나머지는 전적으로 유럽으로부터의 수입에 의존해야만 했다. 아직 인프라가 제대로 갖추어지지 않았던 미국은 산업혁명의 원조 격인 영국이나 인구 강국 프랑스에 비해 제조업 분야에서 당연히 열세였기 때문이다.

하지만 정치, 외교적으로 뛰어났던 건국의 아버지들도 상업이 '인간의 심성을 물질적으로 타락시킨다'는 청교도적인 사상이 강해 처음에는 주저했다. 마치 우리나라가 '사농공상'으로 신분계급을 나누고 상업을 맨 아래에 두면서 근대 조선이 실기했던 느낌처럼 아무리 뛰어난 선각자들이라도 강한 청교도적 신념을 단번에 깨부수는 것은 어려웠던 것 같다.

그러나 이들은 곧 깨달았다. 미국은 무역을 통해야만 영국, 프랑스와 대등해질 수 있다는 사실을 말이다. 건국의 아버지들 몇몇은 해외 각지를 돌아본 외교관 출신답게 유럽 국가들이 무역으로 강대국이 된 것을 잘 알고 있었기 때문이다. 이들은 중·남부 지역의 광활한 곡창지대에서 쏟아져 나오는 농산물 중 남은 생산물을 유럽에 수출했다. 그리고 광활한 미국의 북부 지역을 개발하기 위해서 유럽의 선진 기술과 제조 시설을 들여오기 시작했다. 청교도적 윤리와 신념은 공공의 선과 국익을 위해 타협했다.

나는 지인들과 국토나 나라의 위치에 관해서 이야기할 때면, 단군 할아버지가 그 당시 부동산 사기를 당하셔서 우리나라를 강대국 사이에 끼어 살게끔 하셨다고 얘기하곤 한다. 반대로 미국은 선조 중에 부동산 일타강사가 있어서 누구나 부러워하는 좋은 곳에 터를 잡았다는 농담을 한다.

사실 건국 초기의 미국은 시기상 행운이 많이 따랐다고 볼 수 있다. 유럽 지역은 18세기 중반에 들어서면서 산업혁명으로 인한 인구 폭발로 곡물 수요가 급증하게 되었고, 특히 스페인과 포르투갈은 미국산 곡물을 대량으로 사들였다. 미국 남부에서는 유럽의 곡물 수요가 늘자 자연스럽게 곡물들의 가격이 오르고 수출도 늘게 되어 수많은 거대 지주가 탄생하게 되었다. 이것이 미국이라는 나라가 농업뿐만 아니라 상업의 중요성을 눈여겨보는 계기가 되었다.

같은 시기 우리나라(당시 조선)는 실학사상을 바탕으로 그 중요성이 농업에서 조금씩 상업으로 옮겨가고 있었으나 유교적인 사농공상의 틀에 갇혀 더는 진전하지 못했다. 미국이 빠른 속도로 경제에 눈을 떴기 때문에 나중에 엄청난 차이가 나게 된 것이다.

미국은 유럽 국가와의 교역이 늘어나면서 나라에 부가 쌓이고 이러한 협력이 유럽과의 전쟁을 억제하는 평화를 가져올 것으로 보았다. 그러니 통상이 모든 것을 해결해주는 것은 아니라고 주장한 사람도 있었는데 알렉산더 해밀턴은 통상을 더 쉽게 해줄 힘은 군사력이라고 여겼다.

지금 봐도 매우 뛰어난 통찰력을 갖춘 그는 결투 탓에 죽지만 않았어도 미국의 역사에 남을만한 일들을 더 많이 해냈을 것이다. 그는 공군이 없었던 당시 육군, 해군력을 키워 국방력을 증강해야 하며 이를 위해 미국에 제조공장을 적극적으로 육성해야 한다고 주장했다. 그는 미국에서 영국의 제조설비를 수입하면 영국 경제에 도움을 주게 되고, 제조업이 영국에 종속될 수 있다는 점을 우려해 영국과 적대관계인 프랑스에서 제조설비를 들여오는 수입 다각화를 꾀하기도 했다.

이처럼 건국의 아버지들은 진정한 르네상스맨으로서 의견이 다르더라도 토론을 통해 서로의 의견들을 보완해가며 나라의 기틀을 다져나갔다. 이들은 궁극적으로 국가와 국민의 이익이라는 최고의 공공선이 무엇인지를 알았으며 그것을 바탕으로 모든 외교정책을 실행에 옮겼다.

지금 미국은 정치, 외교, 통상, 국방 등 실로 다양한 분야에서 최초의 르네상스맨들이 가꿔온 유산을 마음껏 활용하는 나라가 되었다. 우리도 익히 알다시피 미국의 의회는 민주당과 공화당, 거대 양당으로 나뉘어 서로 비판하며 정쟁을 일삼지만, 미국의 이익이라는 공통분모 앞에서는 언제 그랬냐는 듯이 정쟁을 멈추고 나라의 이익을 위해 함께 일을 추진한다. 국가와 국민을 위하는 그들의 르네상스는 아직 끝나지 않은 듯하다.

3. 작전명령,
마지막 라이언을 구하라!

1998년에 개봉한 「라이언 일병 구하기」는 노르망디 상륙작전을 배경으로 만든 스티븐 스필버그 감독의 매우 유명한 영화다. 톰 행크스를 전면에 내세운 포스터가 아직도 기억에 생생한데 개봉한 지 벌써 이십 년도 더 지났다. 이 영화는 미군이 추구하는 진정한 가치를 제대로 알려준다.

영화 초반, 노르망디 상륙작전이 펼쳐지는 오마하 해변에서 수많은 군인들이 총 한번 제대로 못 쏴보고 전사한다. 이 상륙에서만 무려 삼천여 명의 미군 전사자와 부상자가 발생했는데 훗날 '피의 오마하'로 불릴 정도로 치열했다. 1944년 6월 6일, 프랑스 북부의 노르망디의 다섯 곳 해변에서 일어났던 현장으로 잠깐 들어가 보자.

장갑차를 실은 군용 장갑 상륙정이 해안가로 가까워지는 순간, 사방이 장갑으로 막힌 상륙정 내의 군인들은 이다음에 어떤 일이 일어날지를 전혀 모르고 있다. 귀가 터질 것 같은 수송선 엔진 소리에 파묻힌, 긴장감에 서로의 무표정한 얼굴만 쳐다볼 뿐 불과 수 분 후에 자신들의 생사가 엇갈릴 것이라는 사실을 애써 무시한다. 모래톱에 거의 다다를 즈음 램프도어가 채 열리기도 전에 틈새로 들어온 독일군 기관총의 탄환에 상륙정 안의 군인들은 속수무책으로 쓰러진다. 군인들의 비명과 총소리, 파도 소리가 뒤섞이며 관객들은 그때 그곳으로 끌려들어 간다. 약 27분간 쉴 새 없이 이어지는 이 장면은 마치 우리가 실제로 전쟁을 치르고 있다는 착각마저 들게 한다.

스토리는 의외로 간단하다. 제2차 세계대전이 한창일 때에 한 가정집의 아들 넷이 동시에 군에 징집되었다. 그중 아들 셋이 거의 비슷한 시기에 전사했고, 남은 아들 하나는 독일군이 밀집한 지역에서 작전 수행 중이었다. 이를 우연히 발견한 장교가 상관에게 보고했고, 전쟁으로 아들을 셋이나 잃게 된 어머니에게 막내아들인 '제임스 라이언'을 돌려보내기 위해 치열한 구출 작전이 펼쳐진다.

실화를 바탕으로 한 이 영화의 실제 주인공은 '닐랜드(Niland)'라는 성을 가진 형제들이었다. 에드워드, 프레스턴, 로버트 그리고 프레드릭, 4형제는 제2차 세계대전에 참전했고 그중 프레드릭 한 명만 살아남았다. 이들이 뉴욕 주 출신이라는 것이 영화 설정과 다른데 아마도 당시 전쟁과는 별 상관없는 듯하던 평화로운 농촌에서의 일상이, 전쟁이라는 극단적인 이벤트로 인해 파괴되는 아픔을 관객들에게 더 절절하게 느끼게끔 하는 장치였을 것 같다. 우리도 여전히 "고향은 어머니의 품이다"라는 말로 한가로운 농촌을 생각하는 것을 보면 동서양이 그리는 고향이라는 모습은 비슷한 듯싶다.

현대의 우리가 볼 때 라이언 일병 한 명을 구하기 위해 톰 행크스를 비롯한 특공대 11명을 독일군 점령 지역으로 보낸다는 것은 이치에 맞지 않는다. 그런데도 미국은 마지막 한 명은 꼭 살려 보내겠다는 계획을 국가의 의무로 당당히 밝힌다. 정작 이 숭고한 임무를 수행해야 하는 캡틴(대위)은 부하들은 이끌고 고향에 홀로 남겨진 아내를 그리워하면서도 묵묵히 임무를 완수한다. 자신과 부하들이 살아 돌아가지 못할 가능성이 높다는 것을 알면서도 말이다.

고등학교 재학 시절 「라이언 일병 구하기」를 처음 봤을 때 나는 그저 흔한 전쟁영화로 이 영화를 즐겼었던 것 같다. 하지만 미국에 살면서 이 영화를 다시 보았을 때 '내가 이 영화를 봤었던 게 맞나?' 하는 의문이 들면서 좀 더 스토리에 집중하게 되었다. 이제는 학생의 관점이 아닌, 한 가정의 가장이자 두 아이의 부모로서 보게 된 것이다. 저들의 절절한 이야기에 슬퍼하고 안타까워하며 각자의 사연들에 때로는 눈물을 짓기도 했다. 이 영화를 통해 당시 사회상을 자세히 살펴볼 수 있었을 뿐만 아니라 미국의 진정한 힘이 어디서 나오는지 알 수 있었다. 다양한 이민 2, 3세들로 구성된 부대 구성원들과 그들의 이야기로 말이다.

스필버그 감독은 이 점을 놓치고 싶지 않았던 것 같다. 그의 부모는 독일군에 가장 큰 피해를 봤던 유대인이었다. 영화의 처음과 끝에 등장하는 노르망디 국립묘지의 수많은 '하얀 십자가(White Cross)' 비석들의 옆으로 유대교를 상징하는 '다윗의 별(Stars of

David)' 비석이 클로즈업된다. 마치 우리에게 "유대인의 아픔을 알고 잊지 말자"고 말하는 듯하다.

미국이라는 나라는 진정한 영웅이 우리 주변에 있다는 사실을 깨닫게 해준다. 순직한 젊은 소방관의 장례 행렬은 수십 대의 차량이 호위하며 지역사회의 진심 어린 추모와 영웅을 잃은 슬픔을 주민들과 함께 나눈다. 그리고 그의 숭고했던 희생을 기린다. 누군가의 자녀였고 배우자였고 부모였던, 이웃과 함께했던 영웅을 기억하게 한다. 그리고 미국은 이민자의 나라답게 자기 뿌리를 지키며 자신의 큰 영향력을 영화 같은 문화에 투영하는, 마치 스티븐 스필버그와 같은 인물이 알게 모르게 사회를 지탱하고 이끌어 간다. 이런 부분에서 유대인보다 아직 한국인을 비롯한 아시아계는 다소 떨어지는 감이 있다.

이스라엘은 한반도 면적의 10분의 1밖에 안 되고 인구도 1천만 명이 채 안 되는 정말 작은 나라다. 유대인이 70% 이상으로 구성된 이 나라가 미국, 아니 전 세계 금융의 큰 손이라는 사실이 놀랍기만 하다. 1917년 영국의 외무장관 아서 벨푸어의 발표를 계기로 나라 없이 흩어졌던 유대인들이 팔레스타인 지역으로 모여들었다. 그로부터 30년이 지난 1947년 유엔 결의안이 채택되었고, 이듬해인 1948년 이스라엘이 건국되었다.

하지만 이것은 중동 한가운데 전쟁이라는 씨앗을 뿌린다. 이스라엘은 건국 후 유대인의 나라가 갑자기 생기길 원치 않던 주변 아랍 국들과 네 번에 걸친 전쟁을 치러야만 했다. 베냐민 네타냐후 현 이스라엘 총리는 참전 경험이 풍부한 백전노장으로 하마스 전쟁도 진두지휘하고 있다.

이스라엘은 미국과 유럽의 중앙정부를 비롯하여 세계 유수의 기업과 방위 산업 분야를 비롯해 보안, 소프트웨어, 각종 의료 바이오 등 첨단 산업의 투자 및 교류를 활발히 진행하고 있다. 금융과 벤처 기업은 말할 것도 없다.

유대인들은 그동안의 경험을 바탕으로 서방 국가들 내에서 주도권을 확보하지 않으면 모국이 위태로울 수 있다는 것을 너무도 잘 알고 있다. 그래서 자국이 세계에서 유리한 입지를 계속 유지하기 위해 국가 차원에서 정말 큰 노력을 하며 때로는 전쟁도 불사한다. 어찌 보면 우리 대한민국과도 비슷한 치열한 생존전략을 구사한다.

한국은 학생들이 치열한 입시 경쟁으로 대학에 진학하면 그때부터는 다시 취업 전쟁이 시작된다. 입시와 취업이 인생의 전부인 것처럼 모두 한마음으로 명문대 입학과 대기업 입사를 향해 전력질주를 하는 것이다. 우리나라의 청소년들이나 그들의 부모들도 앞으로의 세상을 더 넓게 봤으면 싶다. 인재는 타고나지 않는다. 만들어질 뿐이며 그 토양이 중요하다는 것은 너무나도 당연한 사실이다.

4. 전기차 브랜드 테슬라와
　　인간 테슬라

한때 우리나라의 주식시장에 활력을 불러들인 투자가들은 외국인이나 기관 투자가가 아니었다. 바로 '개미'라고 별칭으로 불리는 개인 투자자들이었다. 그래서 주식에서 전 재산을 날리거나 큰돈을 잃게 되면 '개미지옥'에 빠졌다는 농담 아닌 농담을 하기도 했다. 그런 그들이 가끔은 단합되어 큰일을 벌이기도 했는데 기관 투자자들이나 헤지펀드들이 선물 거래로 주식시장에 혼란을 가지고 오자, 개미들이 단결하여 주식시장의 큰손들에게 큰 피해를 주기도 했기 때문이다. 이 개인 투자자들을 농민들이 힘을 모아 외세에 대항했던 100여 년 전의 동학운동에 빗대어 '동학개미'라고 부르고, 서양 주식을 조금씩 매집하는 개인 투자자들을 '서학개미'라고 부른다.

서학개미들이 가장 좋아하는 주식은 바로 굴지의 전기차 제조기업 테슬라다. 내가 미국에 왔을 당시인 2008년 테슬라 공장은 내가 살던 집에서 10분 거리에 있는 가내 수공업 공장 형태였다. 그 당시의 테슬라는 페라리나 포르쉐가 만든다는 스포츠카를 100% 수작업으로 만들고 있었다. 한 달에 겨우 수십 대 만드는 수준이었는데, 사람들은 생전 처음 보는 형태의 테슬라 자동차를 주차장에서 보면 그날 운이 좋다는 식의 반응을 보였다.

지금 보면 격세지감이지만 그때 당시 그 누구도, 심지어 일론 머스크 조차도 테슬라가 이렇게까지 성장하리라고는 예측하지 못했다고 한다. 미국 내에서 현재까지 회사가 인수·합병되지 않고 창립한 상태의 경영권을 유지하는 자동차 회사는 포드와 테슬라뿐이라고 한다.

니콜라 테슬라는 머스크가 가장 존경하는 인물로 늘 손꼽는 사람이다. 테슬라라는 회사명도 이 이름에서 따왔다고 한다. 미국 대학의 전기, 전자공학도들에게 니콜라 테슬라는 꽤 친숙한 인물이다. 바로 전류의 아버지 격이기 때문이다. 발명왕 에디슨의 조수였던 테슬라는 나중에 경쟁자로 에디슨과 대척점에 서기도 했다.

전류가 직류(DC)와 교류(AC)로 나뉜다는 것쯤은 한 번쯤 들어봤을 것이다. 직류는 직진성을 갖고 있어 전류가 한쪽으로만 흐른다. 이에 반해 교류는 양쪽 방향 모두 전류가 흐를 수 있으며 계속 변화를 주는 것이 가능해 활용도 측면에서 무궁무진하다.

하지만 우리는 직류를 먼저 접했다. 직류를 발견한 사람이 토머스 에디슨이었기 때문이다. 그의 조수였던 테슬라는 차후에 교류의 우수성을 주장했지만, 에디슨은 이를 받아들이지 않았다. 교류 방식은 직류 방식보다 전기를 생산하는 데 드는 비용도 훨씬 저렴하고 전기를 보내는 송전이나 다시 이를 분배하는 배전에서 여러모로 편리했다. 에디슨도 그 사실을 잘 알고 있었으나 조수보다 못하다는 평가를 받아들일 수 없었기 때문에 직류 시스템의 상용화를 밀어붙였다.

그런 에디슨이 맘에 늘지 않았던 테슬라는 다니던 회사를 그만두고 조지 웨스팅하우스와 협력하여, 웨스팅하우스 전기회사를 설립하였고 교류는 직류와 달리 원거리 송전에 유리하며 발전 단가가 저렴하다는 사실을 널리 알리며 전기 시장의 파이를 키워나갔다.

웨스팅하우스가 에디슨의 전기회사를 위협할 정도로 성장하자 에디슨 회사에서 일하던 브라운은 교류의 위험성을 비방하기 시작하였다. 그리고 개를 상대로 잔혹한 동물실험을 했는데 이 실험에서 그들은 개에게 직류와 교류 전기를 각각 흐르게 하여 개가 고통받으며 죽는 모습을 사람들에게 공개하였고 교류가 위험하다며 억지 주장을 폈다.

1886년 미국에는 사형수의 사형 집행용으로 '전기의자'가 도입되기 시작하였다. 때마침 전기의자를 도입하는 위원회의 수장이 친구였던 브라운은 교류 전기를 사형 집행에 쓰라며 친구에게 부탁하였고 교류가 사형에 쓰이는 위험한 전기라며 대중들을 선동했다. 전기에 대해 무지했던 일반인들은 이런 선동에 넘어갈 수밖에 없었고 결국 에디슨의 전기회사가 다시 사업의 주도권을 쥐게 되었다. 웨스팅하우스는 이런 불리한 여론을 뒤집을 만한 계기가 필요했는데 콜로라도의 작은 탄광 도시 텔루라이드에서 그 답을 찾을 수 있었다. 당시 금광에서 쓰이는 채굴 장비는 정말 많은 에너지를 소비하였다. 그래서 그 에너지를 생산하는데 금전적으로 많은 부담이 있었다. 그러나 에너지를 많이 쓴다고 금광 문을 닫게 된다면 그 도시 또한 망할 것을 예상한 사람이 있었다.

마구엘 카운티 은행의 소유자, 루시엔 넌은 조지 웨스팅하우스와 협력하기로 하고 금광에서 수 킬로미터 떨어진 계곡에 수력발전소를 세웠다. 그 발전소에서 저렴하고 안정적으로 전기를 받아 채굴 장비를 가동하는 것에 성공한 조지 웨스팅하우스는 경제성과 원거리 송전의 유용성을 널리 알리게 되었다. 그 후 에디슨의 제너럴일렉트릭사는 톰슨-휴스턴사와 강제 합병당하게 되었고 역사의 뒤안길로 사라졌다. 결국 테슬라의 교류 전류의 승리로 막을 내리게 되었다.

이 두 사람은 화해가 쉽지 않았을 듯싶다. 둘의 관계를 보면 "천재는 99%의 노력과 1%의 영감에서 나온다"는 에디슨의 이야기는 아마 테슬라의 천재성을 본인이 따라잡기 어려움에 의한 탄식에서 나왔을지도 모른다.

에디슨은 자신만의 집념과 끈기로 생전 1,093개의 특허를 남겼다. 하지만 테슬라 역시 800여 개의 특허를 냈고 노력까지 할 줄 아는 천재가 어떤 결과를 만들어내는지 우리에게 보여주었으며 지칠 줄 모르는 실험을 진행했다.

에디슨이 전구, 축음기처럼 현대인의 삶의 근간이 된 발명품들을 창조했다면 테슬라는 현대 산업의 발전을 예측한 듯싶다. 발전기와 무선 충전기, 무선 통신, 심지어 X-ray까지도 모두 테슬라가 남겨놓은 노트를 기반으로 발명되었기 때문이다. 지금 인류가 향유하고 있는 기술의 상당 부분은 이 두 사람 덕분이라는 게 과학계에서는 공통된 견해다.

에디슨은 살리에르가 모차르트를 바라보며 가졌던 질투심을 조수였던 테슬라를 보면서 생생하게 떠올렸을 듯싶다. 당시 그 두 천재의 소리 없는 전쟁 같은 경쟁으로 인해, 인류는 우리의 앞날을 계속 밝혀왔으며 앞으로도 그럴 것이라 믿는다.

"인재가 인재를 알아보는 것이 얼마나 중요한가!" 우리나라에도 인재의 중요성을 알고 사업보국(事業報國), 인재제일(人才第一)을 외쳤던 인물이 있다. 바로 삼성의 창업주 이병철 회장이다. 그의 뒤를 이은 이건희 회장은 우리나라가 새마을운동을 한창 벌일 당시에 미국 유학 중인 한국의 공대생들에게 장학금을 주었다.

이들은 고국으로 돌아와 유학 기간 기꺼이 도움을 줬던 이건희 회장의 기업인 삼성에 입사하여 세계 최고의 반도체를 만들어냈고, 일류 기업 삼성을 만드는 초석이 되었다. 삼성의 직원 중 일부는 이건희 회장에 의해 다시 미국에서 유학하며 삼성을 위해 일하는 선순환을 일으켰으며 그중 일부는 미국에 안착하기도 했다.

테슬라처럼 천재적인 머리를 갖고 노력까지 하는 사람을 일반인이 따라잡기는 사실상 불가능하다. 그러나 에디슨처럼 타고난 머리는 아니어도 끈기 있게 노력하는 사람도 세상의 인재가 된다는 사실은 기억했으면 한다. 실제로 우리 세상을 이끌어가는 리더들의 대부분은 여기에 해당한다.

나는 항상 '사람이 곧 재산이다'라는 생각을 하고 있다. 사람과 사람 간의 관계를 물질에 비교하는 것이 아니라, 그만큼 사람을 진심으로 대하면 그 사람이 내 사람이 되어 언젠가는 서로 도움을 주고받을 수 있을지도 모른다는 마음이다. 살면서 사람만큼 중요한 자산은 없다는 것이 지금까지 변함없는 내 신념이다.

5. 혁신의 또 다른 이름

혁신의 모태로 불리는 애플 본사는 미국 실리콘밸리의 쿠퍼티노 시에 자리하고 있다. '쿠퍼티노(Cupertino)'를 대표하는 회사로는 애플이 가장 유명하지만, 바로 그 옆 '마운틴뷰(Mountain View)'에는 구글 본사가 있으며, 바로 그 맞은편의 '팔로알토(Palo Alto)'에는 지금은 페이스북에서 사명을 바꾼 메타가 있다. 차로는 채 30분도 안 되는 거리에 이렇게 세계적으로 내로라하는 기업들과 유명 벤처기업이 즐비하다.

이 지역은 또 다른 의미로도 유명한데 바로 학군이다. 스탠퍼드 대학교 인근 팔로알토는 실리콘밸리에서도 최고의 학군으로 손꼽힌다. 이 지역 학교의 전교생 중 90% 이상이 아시아계 학생일 정도로 인도, 중국, 한국, 일부 동남아인들이 주류로 꼽히며 그 외 인종들이 학교에 모여서 공부한다. 미국, 특히 이곳 실리콘밸리에 와서 느끼는 것이지만 피부색으로 어느 나라 사람인가를 알아보기는 너무도 힘들다. 그리고 정작 중요하지도 않다.

우리나라에서 인기를 끌었던 「스타트업」이라는 드라마를 재밌게 봤었다. 대강의 줄거리는 세 명의 이름 끝이 '산'으로 끝난다고 해서

'삼산텍'이라는 회사를 창업했던 젊은이들이 어느 날 실리콘밸리에서 투자 제의를 받고 회사를 매각하게 된다. 그런데 실리콘밸리 벤처캐피털 측에서 "한 명만 데려갈 수 있다"고 기업의 인수 조건을 내건다. 세 명이 의기투합해서 열심히 키운 회사를 매수하는 측에서 한 명만 영입하겠다고 제의하다니…. 드라마라서 그렇다고? 아니다. 이곳에선 너무 흔한 일이다. 이것이 바로 실리콘밸리의 잔혹한 이면이다.

독자분들은 미디어를 통해 '팹리스(Fabless)'라는 단어를 들어보셨을 것이다. 팹리스란 반도체 제조공장 없이 반도체 설계만 전문으로 하는 기업들을 말하며, 대표적으로 애플, AMD, 엔비디아 등이 있다. 심지어 애플은 아이폰으로 유명한 곳인데도 제조공장이 단 한 곳도 없으며 모두 외주를 준다. 이렇게 애플은 자사 제품의 아웃소싱을 담당하는 주요 제조기업만 천여 개가 넘는다.

반면 삼성전자, LG전자는 수직 계열화로 인해 우리나라를 비롯한 전 세계 각지에 제조 거점이 산재해 있으며 그에 걸맞게 많은 노동자들을 고용하고 있다. 그들도 외주를 주기는 하지만 대부분 그들의 회사에서 직접 생산해내며 이것이 우리가 생각하는 전통적인 회사의 모습이다.

하지만 애플은 조금 다르다. 애플은 이런 전통적인 제조 업체들에게 자신들이 디자인한 아이템들을 위탁 생산해 제품화한다. 공장에 딸린 사무실에서 일하며 생산 라인을 돌아보는 일들이 사라졌다는 이야기다. 그리고 실리콘밸리의 벤처기업 대부분이 이런 모습이다. 깔끔한 사무실 안에는 칸막이도 없고 직원들도 거의 없다. 그러나 그들은 어엿한 제품을 판매하는 제조기업이다.

회사들끼리 서로 합병하게 되면 회사 규모가 커지기 때문에 사무 공간도 당연히 넓어질 거로 생각하기 쉽다. 하지만 실제론 그렇지 않다. 인수·합병은 대부분 대규모의 구조조정이 선행되기 때문이다. 전 세계에서 1인당 몸값이 가장 비싸기로 유명한 이곳에서 공짜 밥을 줄 리가 만무하다. 그리고 이렇게 이곳에서는 흔한 인수·합병의 과정을 우리는 드라마에서 간접적으로 보게 되는 것이다.

언론에서 경제 이야기를 할 때면 빠지지 않고 등장하는 곳이 바로 이곳, 실리콘밸리다. 그중에서도 애플, 구글, 메타 등의 기업 로고를 우리는 심심치 않게 접하게 되는데 기업 상황에 따라 이곳에서의 대규모 감원이라는 뉴스를 접하기도 한다. 이곳에서는 구조조정이 거의 일상이다. 직원들이 필요하면 마치 풍선처럼 확 불려서 한꺼번에 뽑아놓고 인력이 많다고 생각되면 확 줄여버린다.

실리콘밸리에서의 회사는 마치 메이저리그나 프리미어리그 팀을 연상케 한다. 좋은 상품을 가진 회사들이 능력 있는 개발자들을 찾기 위해 항시 헤드헌팅 회사들에 의뢰를 넣고 있으며 높은 연봉으로 이직 협상을 한다. 또한, 구글이나 아마존 같은 메이저리그에 뛰고 있는 기업들은 마이너리그의 능력 있는 창업 초기 기업들을 인수·합병하기 위해 혈안이다. 그렇게 인수·합병한 기업들에선 가장 우수한 인력들만 데리고 가며 나머지 직원들은 구조조정으로 인해 하루아침에 실업자가 되어버린다.

신생 기업들은 어떻게든 회사를 유지하거나 키우기 위해 창업 투자금을 유치하려 애를 쓴다. 실제 스타트업 기업들이 정부, 엔젤 투자자 혹은 벤처캐피털에서 창업자금을 받을 확률은 1% 남짓이다. 연간 1,000여 개의 회사 중에 10개만 투자를 받고 나머지 990개는 다른 방법을 찾든지 아니면 역사 속으로 그 이름이 사라진다.

그렇지만 잔혹해 보이는 이곳에서도 한가지 희망은 있다. 본인의 능력이 출중하다면 그동안 쌓아온 좋은 평판과 인맥 등으로 관련 직종으로 이직하거나 다시 창업할 수 있다. 즉, 실패를 두려워하지 않아도 된다는 것이다. 이곳에서 부러운 점 중의 하나가 바로 이것이다. 대부분의 한국 젊은이는 좋은 대학에 가서 대기업에 입사하는 것을 목표로 거의 인생 전부를 보낸다. 그 외의 다른 꿈을 가진 젊은이들은 가혹한 주변의 눈길을 묵묵히 견뎌 내야만 한다. 하지만 실리콘밸리로 모여드는 전 세계의 젊은이들과 열정이 있는 중장년에게 이곳은 꿈을 현실로 만들어줄 기회의 땅이다. 그 확률이 비록 1% 미만일지라도 말이다. 세계 경제가 갈수록 불황으로 간다고 하지만 아직도 많은 예비 창업자가 이곳으로 모이는 것을 보면 아직 아메리칸 드림은 끝나지 않은 것 같다.

2008년 크리스마스를 앞둔 겨울이었다. 나는 우주인 고산 씨가 대표로 있었던 TIDE에서 개최한 벤처창업 경진대회에 참석했었다. 한인 커뮤니티 사이트에 올라온 참가자 모집 글을 보고 무작정 전화를 했다. 그때 나는 한국에서 다니던 볼링힐스 호텔을 잠시 휴직하고 미국으로 어학연수를 왔었는데 마침 모집 글을 보게 된 것이다. 주최 측에서 내게 무슨 일을 하고 있느냐고 묻길래 "쉐프"라고 대답하며 대회에 참석에도 되는지 물었다. 이에 전화를 받은 담당자는 당연히 쉐프도 참석할 수 있다며 참가 신청을 받아주었다.

몇 주 후 대회 첫날, 많은 사람들이 대회 장소인 마운틴뷰에 위치한 NASA Ames Research Center에 모였다. 참가 인원을 살펴보니 스탠퍼드, 버클리, 조지아텍 학생들과 스타트업 회사 CEO, 기자, 마케터, 태권도 사범 등 많은 한인들이 그곳에 모여 있었다. 그렇게 우리는 자기소개와 함께 각자 관심 있는 주제로 팀을 꾸려 즉석에서 예비 창업을 해보는 뜻깊은 시간을 가졌다. 2박 3일에 걸친 창업대회에서 나는 비빔밥 프랜차이즈를 기획한 팀에 들어가 실질적인 현장 업무에 대한 의견을 내었다.

그중에 신선한 자극을 받은 경험도 있었는데 나 같은 쉐프의 의견이 아닌 개발자들이 식당 창업에 접근하는 방식 같은 것이다. 쉐프들은 보통 음식에 집중하는 경향이 있다. 음식만 맛있으면 당연히 알음알음 손님들이 찾아오리라는 것이다. 하지만 개발자들은 음식의 맛에 집중하는 것보다는 맛의 획일화를 위한 트레이닝과 손님들이 쉽게 음식을 주문하고 포장해서 가는 것에 초점을 맞추었다. 음식은 테이블에 앉아서 먹어야 한다는 나의 큰 편견을 깼던 신선한 경험이었다. 아마 그때를 기점으로 나도 조금씩 손님들의 음식에 대한 경험에 관해 관심을 가지게 되었던 것 같다.

그때 당시 주저하며 걸었던 전화 한 통이 나에게는 혁신이었던 그때, 그곳에서 만났던 소중한 인연 중엔 지금도 인연을 이어가고 있는 분들도 있다. 이제는 독자분들의 차례이다.

6. 푸드테크 전성시대

 누군가는 말한다. 미래의 세상에서는 로봇들이 인간을 대신해 일을 해준다고, 또 다른 누군가는 말한다. 미래의 세상에서는 인공지능이 인간의 생각을 대신 해준다고…. 이 모든 말의 뒤에는 미래에 대한 막연한 기대와 불신이 깔려 있다. 장밋빛 청사진을 그리고 있는 사람들과 불안한 자신의 미래에 대한 우려로 인한 걱정 어린 말들이다.

 내가 이 책을 쓴 이유 중의 하나는 수많은 직업 중 특정 직업군인 쉐프들의 길잡이가 되었으면 하는 바람이었다. 현대의 거의 모든 직업군들이 고성능 AI의 등장으로 인해 직업 소멸의 위협을 받는 근미래, 여기에 다른 직업군들보다는 수작업이 압도적으로 많은 쉐프들이라도 철밥통이라는 보장은 없다. 이제는 쉐프들도 공학과 바이오학자들과 함께 일을 해야 하는 시대가 다가왔다.

 이게 무슨 뜬구름 잡는 이야기라고 할지도 모르지만 지금 우리 주위를 둘러보라. 전자레인지에 돌려 뜨겁게 덥히기만 해도 간편하게 먹는 간편식이 마트에 널려 있다. 심지어 웬만한 식당에 직접 가서 먹어야만 즐길 수 있었던 풍미는 우리 집 식탁에서도 쉽게 즐길 수가 있다. 당연히 이런 마법 같은 조화는 쉐프 혼자서 해낸 일이 아니다.

20세기 초에 TV가 발명됐을 당시, 소인들이 브라운관 안에서 공연하는 줄 알고 TV를 깨보았다는 우스갯소리처럼 쉐프들이 전자레인지에 들어가서 음식을 하고 나오는 것은 더더욱 아니다. 간편식을 만들기 위해 쉐프가 요리하고 식품공학자들이 그 요리의 성분을 일일이 구분했으며 기계공학자와 로봇공학자들이 그에 맞춘 생산설비를 설계하고 산업공학자들이 공장을 운영한다. 그 외 마케팅 전문가, 물류 수송 등 수많은 전문가가 협력해야지만 우리 식탁에 올라오는 간편식이 소비자들의 안방에 들어가는 것이다.

푸드테크가 꼭 새로운 것만은 아니다. 산업혁명 이후 주방에서는 제면기, 반죽기 등 쉐프들이 반복적으로 하던 일이 점차 기계로 대체되었다. 심지어 지금은 공장에서 생산라인을 만들어야만 가능했던 초밥이나 김밥을 자동으로 만들어주던 기계들도 소형화되어 프랜차이즈 점포들에 공급되고 있다.

우리나라에 김밥을 자동으로 말고 자르는 로봇이 있듯이 미국에는 햄버거를 직접 만들고 피자 온도를 맞춰 완벽하게 구워내는 로봇들도 있다. 물론 이 로봇이 사람 손을 완벽히 대체할 수는 없지만, 단순반복적인 분야에서만큼은 로봇의 도움이 정말 필요하다.

내가 운영하는 초밥 가게에도 이런 로봇이 있다. 일본에서 제작 납품하는 것으로 일본식 김밥인 '롤마끼'류를 대량으로 만들 때 사용한다. 'Creative sushi catering'이라는 이름으로 스시 케이터링 분야에서는 이곳 실리콘밸리에서 첫손가락에 꼽힌다고 내심 자부한다.

우리는 연말에 정말 눈코 뜰 새 없이 바쁘다. 보통 우리가 단독으로 하는 출장 뷔페는 규모가 그렇게 크지는 않으나 다른 유명 케이터링 업체들과 협업으로 한 번에 최대 3,500명의 인원에게 초밥을 납품하기도 하고, 보통 500~1,500명의 손님에게 우리의 초밥을 제공한다. 이렇게 대량으로 초밥을 생산할 시에는 말 그대로 주방이 전쟁터가 되는데 그때 일정하게 밥을 깔아주는 로봇은 우리에게 있어 구세주나 다름이 없다. 중형차 한 대의 가격을 자랑하는 롤 기계 덕분에 우리는 여러 번의 큰 행사를 무사히 치를 수 있었다.

알게 모르게 우리는 주방에서 기계의 도움을 정말 많이 받고 있다. 그리고 이제는 쉐프들이 하는 단순반복 작업을 편하게 해주는 것에 그치지 않고 쉐프들이 하는 많은 일들을 대체하고 있다. 그렇다면 앞으로 쉐프들은 더 이상 필요가 없게 되는 것일까?

이것에 대한 명확한 해답을 나는 알지 못한다. 하지만 막연하게나마 내가 생각하고 예상을 하는 것은 우리 같은 쉐프들도 언젠가는 안드로이드나 로봇 같은 기계들에 우리의 일자리를 넘겨줘야 할 때가 오리라는 것이다. 한식, 일식, 중식, 양식, 파티쉐 등 어느 업종이 될 것인지는 모르겠지만 좀 더 간단하고 쉽게 요리를 낼 수 있는 요식업들부터 차례대로 대체될 것이다.

우리는 이미 커피 만드는 로봇이 시중에 나오는 것을 봤으며 또 제한적이나마 치킨을 튀기는 로봇도 접하고 있다. 기술 발전의 속도는 우리가 인지하지도 못할 정도로 정말 빠르게 발전하고 있다. 바로 다음 주에 일식 스시바에 로봇이 들어와 손님에게 초밥을 만들어주는 광경을 보게 된다고 해도 나는 놀라지 않을 자신이 있다. 하지만 그렇다고 내가 좌절할 일은 없을 것이다. 내 음식이 로봇들이 만드는 것보다는 맛있다는 자신감이 있기 때문이다. 이제 우리는 로봇들과 공생하는 법에 대해서 진지하게 고찰해보아야 할 것이다.

쉐프가 만든 음식을 손님들께 내어주며 그들과 교감하고 일로 지친 하루의 일상을 위로해주는 따뜻한 정이 들어간 음식. 따뜻함과 정을 중심으로 한 쉐프가 직접 만든 음식은 어느 순간 돈 많은 부자들만 즐길 수 있는 전유물이 되는 것은 아닌지 하는 생각이 든다.

7. 항룡유회(亢龍有悔)

무협지를 마치 성경처럼 통독하던 시절, 항룡유회는 실로 멋진 무공이었던 것으로 기억난다. 그때는 단지 멋있는 말이라고만 생각했던 그 말. 나중에 알고 보니 꽤나 생각을 하게 하는 의미가 담겨있다는 것을 알게 됐다. "달은 가득 차면 기울고, 그릇에 있는 물은 가득 차면 넘쳐 결국 엎어지고 만다." 그다음 대목이 바로 "하늘 높은 곳까지 올라간 용은 후회하게 되어 있다"이다.

그 말인즉, 하늘 끝까지 올라간 용은 더 이상 올라갈 수 없고 떨어지는 일만 남으므로 일을 할 때는 적당한 선에서 만족할 줄 알아야 한다는 뜻이다. 얼핏 보면 최선을 다하지 않는 태도처럼 보일 수도 있으나, 삶을 바라보는 시각이 보다 객관적이어야 한다는 의미로 해석된다. 미국에 살면서 미국 중심의 시각으로 보게 되는 경우가 꽤 많다. 스스로 '난 꽤 객관적이야!'라고 생각하는데도 일부 미국인들과 같은 시선으로 세상을 보고 있다.

과거 무적함대로 해상 무역로를 장악했던 스페인, 해가 지지 않는 나라로 불리던 영국, 동서 냉전 시대의 양강으로 세계를 호령하다가 지금은 우크라이나와의 전쟁에서 고전을 면치 못하고 있는 러시아 등 영원할 것만 같았던 당시의 강대국들도 차이는 있으나 팽팽했던 풍선의 바람이 빠지듯 국력이 쇠하기 마련이다. 미국이 각종 공급망에 관한 법을 제정하면서 중국의 발전 가능성을 죄다 막아버리는 바람에 중국도 예전 같지는 않다.

강대국이었던 나라들의 힘이 빠지며 신흥국인 미국과의 격차가 계속 벌어지는 주요 원인은 우리가 흔히 이야기하는 지속성장 가능한 동력이 떨어졌기 때문이다. 스페인과 영국은 식민지 운영을 통해 값싼 물자들을 헐값(제국주의적 사고로 식민지에서 노동력과 자원을 착취했으므로 사실상 공짜나 다름이 없었다)에 들여와 자국민들에게 제공했다. 다른 어떤 나라들보다 빠른 경제 성장을 보일 수밖에 없었으며 유럽 열강들 사이에 식민지 열풍을 불러일으켰다. 러시아는 현대에 들어 이와 유사한 패턴을 활용했다. 다른 점이 있다면 식민지가 아니라 자국 내의 풍부한 원유와 가스를 주변국들에 판매해서 그 대가로 들어온 재화로 나라를 부유하게 했다는 것이다. 그러나 욕심이 너무 컸던 나머지 크림반도를 넘어 우크라이나 본토까지 넘보다가 고전하고 있다.

이들의 공통점은 자원의 획득 과정에서 그 비용이 매우 낮았다는 데 있었다. 그러나 이처럼 별도의 노력 없이 산출물이 쏟아져 나오는 마법의 연결고리가 끊어지는 순간, 해당 국가는 상당히 난처한 상황에 부닥치게 된다. 무적함대를 잃은 스페인은 더 이상 무역을 하지 못하게 되었고, 식민지를 잃은 영국은 유럽 변방의 그저 그런

나라로 쇠락했듯이 말이다.

　이렇듯 상대적으로 자원 자체가 빈약한 나라들이 믿고 기댈 수 있는 자원은 바로 양질의 인적자원뿐이다. 결국 있는 자원을 제대로 활용하든지, 자원이 없다면 사람이 자원이 되는 수밖에는 없다. 1950년대 소말리아보다 가난했던 우리나라는 천연자원마저도 없어서 인적자원에 기댈 수밖에 없었다. 성실하고 근면한 우리나라 사람들의 본성에 높은 교육열을 더한 인적자원의 활용으로 우리나라는 2021년 선진국의 반열에 들었다. 하지만 지금의 우리나라는 저출산의 늪에 빠져 강점이던 인적자원마저도 사라질 위기에 처해 미래가 다소 암울한 처지가 되고 있다.

　유럽을 보면 말도 많고 탈도 많았던 영국이 브렉시트를 했기 때문에 EU의 수장을 놓고 서로 경쟁자로 여기는 프랑스와 독일, 이 둘 사이에 미묘한 감정이 흐르고 있지만 대체로 독일이 한 수 위라는 평이다. 인구통계학자 마이클 타이털바움 박사는 프랑스 정부 입장에서 인구나 경제 성장률이 독일에 비해 떨어지기 때문에 정부 관계자의 고심이 매우 컸다고 밝히고 있다. 인구는 현대 국가에서 안보, 경제 활동, 민족의 존립 등 매우 중요한 변수이므로 선진국들의 주요 화두가 되고 있다.

　굳이 유엔 미래 보고서를 인용하지 않아도 합계 출산율이 0.7에 들어선 우리나라는 민족 자체가 지구상에서 가장 먼저 사라질 것이라는 말이 나오고 있다. 정말 심각한 상황이다. 우리나라의 2014년 출산율은 그때 당시에도 적은 1.19명이었지만 지금은 불과 10년도 채 지나지 않아서 0.7명으로 무려 0.5명이나 줄었다. 한 나라의 출산율 감소는 여성의 사회적 진출과도 맞물려 있다. 여성의 사회 진출이 증가하고 경제 활동 참여 인구가 늘수록 출산율은 감소하는 반비례 관계를 보이기 때문이다. 지금 정부에서 내놓은 정책들은 모두 백약이 무효하다는 듯 아무런 효과를 발휘하지 못하고 있다.

유럽 선진국들은 아이들은 모두 국가가 양육한다는 전제를 가지고 아이의 양육을 부모들에게만 맡겨두지 않으며 인구수를 유지하기 위해 총력을 기울이고 있다. 중국마저도 1인 산아제한정책 빗장을 진즉에 풀었고 독일은 이미 튀르키예나 인근 국가들 사이에서 이민자들의 천국으로 바뀌고 있다. 그중에서도 미국은 거의 2명에 가까운 출산율을 보이면서도 매우 다양한 이민정책을 지속해왔기 때문에 선진국 중에서도 몇 안 되는 순수하게 인구가 계속 늘어나는 곳이 되었다.

이는 미국의 교육 시스템과도 관계가 깊다. 미국은 주마다 조금씩 다르지만, 유치원과 초등학교가 대체로 아침에 시작해서 오후 3~4시 전후로 끝난다. 그리고 중고등학교로 올라갈수록 수업이 오히려 더 일찍 끝나는 경우가 많다. 손이 많이 가는 유치원이나 초등학교는 교육 당국에서 조금 더 아이들을 돌봐주는 듯한 느낌이다.

특히 여성들이 맞벌이에 부담을 덜 느끼고 일해야 하는 시간에 맞춰 아이들 교육 시간이 조정되는 느낌이다. 또한, 탄력 근무나 파트 타임제가 워낙 다양해 하루 8시간이던 노동 시간이 6시간 수준으로 단축되거나 재택근무가 하나의 트렌드로 자리를 잡았다. 그리고 대부분 직장에서는 아이 때문에 일찍 퇴근하거나 학교 봉사를 가는 날에는 사정을 이해해주고 아무런 불이익도 주지 않는다.

나는 직업 특성상 주말에 일하는 경우가 많다. 그래서 보통 평일에 쉬는데 그때 우리 아이들의 등하교 시간에 종종 따라가곤 한다. 그때마다 느끼는 것이지만 학생들의 등하교에 함께하는 학부모의 절반 정도 혹은 그 이상은 아빠들인 경우가 많다. 가끔 눈에 익은 학부모들은 서로 인사를 하며 안부를 묻고 얘기를 나누다가 각자 자신의 아이를 데리고 집으로 간다. 물론 이곳에도 부모가 직장에서 늦게 퇴근하는 집들도 존재한다. 그런 부모들을 위해 학교에서는 방과 후 프로그램을 적극적으로 운영한다. 보통 저녁 6시까지 프로그램 선생님들이 학교에 남은 아이들을 돌봐준다. 그곳에서 선생님들은 부족한 공부를 도와주거나 바쁜 부모를 대신해 숙제를 도와주기도 한다.

이에 비해 우리나라의 초등학교는 점심 시간 이후면 학교를 마치게 되고 모두 하교를 한다. 그 후에 우리의 아이들은 학교 앞으로 몰려드는 수많은 학원 버스에 실려 사교육을 받으러 이동한다. 학생들은 보통 부모들이 직장에서 퇴근할 때까지 사교육을 받으면서

학원에서 돌봄을 받는다. 다른 선진국들에 비해서 우리 아이들을 걱정하지 않고 키울 수 있는 환경 자체가 아주 부족하다는 느낌을 지울 수가 없다.

내가 초등학교에 다니고 있을 때 우리나라는 산아제한정책이라는 것을 시행하고 있었다. '아들 딸 구별 말고 하나만 낳아 잘 기르자!'라는 표어와 포스터를 버스 정류장이나 담벼락에서 자주 봤었던 기억이 있다. 그때 당시에는 아이를 낳지 말라고 해도 그렇게 낳았었는데 어찌 된 것인지 지금은 너무 급격하게 상황이 바뀌어 버렸다. 하늘 높은 곳으로 치솟을 것 같던 인구수는 이제 대한민국의 소멸을 걱정하며 땅으로 곤두박질치고 있다.

늘 지금이 가장 빠른 법이다. 더 늦기 전에 지금이라도 당장 이민정책을 개선하고 다문화 가정에 대한 지원 방법 등을 보완해 대한민국의 인구수를 늘리기 위해 더욱 깊이 고민하고 실행에 옮겨야 한다.

IV.
쉐프의 시선으로 바라본 미국

우리에게 미국은 어느 것 하나 뒤지지 않는, 그냥 강력한 국가였다. 선생님께서 우리에게 준 가장 큰 힌트 한 가지는 대서양의 끝, 그리고 태평양의 시작이라고 알려주신 말 한마디이다.

1. 미국에서 우리를
   바라보는 시선들

고등학교 시절 세계지리 시간이었다. 선생님은 쉬는 시간 종이 울리기 전에 우리에게 살며시 물었다.

"미국은 왜 강할까? 다음 시간까지 한번 생각해왔으면 좋겠다."

우리에게 미국이 강하다는 것은 의심의 여지가 없었다. 미국이니까 강한 것이고 미국이기 때문에 강한 것이니깐. 그때 당시 즐겨보던 액션 영화들은 전부 미국인이 주인공이었고 우리 모르게 세계의 평화를 지켜주고 온갖 악당들을 물리쳤다. 그냥 미국이 강한 건 당연하다고 생각했던 우리는 당시까지 한 번도 진지하게 생각해보지 않았던 선생님의 기습적인 질문에 당황했다. 우리에게 미국은 어느 것 하나 뒤지지 않는, 그냥 강력한 국가였다. 선생님께서 우리에게 준 가장 큰 힌트 한 가지는 대서양의 끝, 그리고 태평양의 시작이라고 알려주신 말 한마디이다.

미국은 국경이 굉장히 단순하다. 나라의 크기가 매우 크지만, 국경을 맞대고 있는 나라가 북으로는 캐나다, 남으로 멕시코 이렇게 두 나라뿐이다. 알래스카를 포함시킨다면 러시아와도 베링해를 건너 국경을 마주 보는 형태이지만 바다가 가로막고 있으니 패스하고, 동서로는 태평양과 대서양이라는 거대한 바다를 끼고 있다. 심지어 태평양 중앙에 있는 하와이나 아시아에 더 가까운 미국령 괌 제도까지 포함하면 몇 개의 대륙을 하나의 국가로 품은 그야말로 제국주의 시대의 대영제국과 같은 '해가 지지 않는 나라'로 표현해도 될 수 있겠다. 한마디로 미국은 나라 자체가 지정학적 요충지라고 할 수 있다. (여기서, 지명이 생소해 이해가 잘 안 가시는 분들은 구글 지도를 참조하시면 되겠다.)

미국이라는 나라는 비교적 근대에 만들어진 신생국가이기에 역사가 길지도 않고 그들만의 전통이랄 것도 별로 없는 그런 나라이다. 하지만 그들이 세계사에 등장한 후 남긴 족적들은 거대하다는 말로도 부족하며 미국이 없는 세계사는 매우 심심할 것이라고 나는 믿어 의심치 않는다.

내가 고등학교 때 교과서로 처음 접했던 미국은 거대한 용광로와 같은 나라였다. 미국은 이민자들의 나라이며 그들이 유럽, 아프리카, 아시아 등 자신의 고향에서 가지고 온 고유한 전통과 문화들을 미국이라는 용광로 안에서 녹이고 융합하여 또 자유로움으로 그들만의 독특한 문화를 재창조하는 나라. 미국은 다양한 문명들이 이식되고 공존하고 변형되고 통합되는 과정을 지속적으로 거쳤으며, 현재도 많은 국가의 서로 다른 인종들이 유입되며, 그로 인해 문명이 끊임없이 새로 생겨난다. 서로 다른 문명의 자연스러운 유입과

융합 그리고 재탄생. 미국이 거대한 용광로 같다는 것은 참 적절한 비유인 것 같다.

하지만 이민자에게 관대하다고 들었던 이민자들이 세운 나라인 미국도 어두운 이면이 존재한다. 우리에게 그리 곱지 않은 시선으로 다가오는 백인 우월주의, 서구 기독교 사상 등을 중심으로 자문화중심주의에 도취해 있는 사람들도 분명 존재한다. 자신들의 선조들도 미국에 이민을 와서 정착했을 터인데 우리에게 불편한 시선을 보내며 극도의 편견과 사뭇 감정적인 자세와 비방을 일삼는 일부 소수의 백인이 있다.

슬프게도 인터넷을 조금만 뒤져보면 너무도 쉽게 그런 사람들을 찾아볼 수 있다. 생사를 걸고 종교의 자유와 억압을 피해 유럽에서 이주했던 자기들 선조들이 개척해놓은 땅에 조금은 편하게 들어온 아시아계에 대한 이런 인식은 어쩌면 당연한 반응일 수 있다. 심지어 노동력을 주로 공급하는 히스패닉계나 자신의 선조들이 노예로서 핍박받으며 살았던 아프리카계 역시 아시아 사람들에 대한 태도가 그리 좋지는 않다.

미국에서 유학 생활을 포함해 10여 년 이상을 살았던 몸으로써 단 한 번도 인종차별을 겪지 않았다는 것은 어불성설이다. 그들은 영어로 말을 잘하지 못하는 내 영어 실력을 보고 (한국에서 4년제 대학을 졸업한) 나를 유치원생 다루듯이 한 적도 있으며 아시아인들은 어떤 상황에서도 Fight Back을 하지 않는다는 잘못된 생각으로 (대한민국 육군 헌병대 만기 전역자인 나에게) 말도 안 되는 시비를 걸다가 맞아서 도망을 가기도 했다. 그렇다고 이런 일들이 흔하게 일어나는 것은 아니다. 그나마 여기 캘리포니아는 아시아인들이 주류 사회에 진입을 많이 한 곳이기에 동부에 비해 상대적으로 인종차별이 덜한 편이다.

그리고 내 주위에는 정말 착한 사람들이 많은데 그들은 내가 이민자이기에 당할 수밖에 없었던 차별에 대해 나에게 진심으로 사과하며 같이 흥분해서 차별을 일삼은 자들에게 욕을 하곤 한다. 인종차별을 하는 극소수의 사람들과 더 많은 수의 인류애가 넘치는 따뜻한 사람들이 공존하고 있는 이곳이 바로 미국이다. 이런 깨어 있는 사람들이 많이 존재하는 한, 또 배척이 아닌 포용의 기치를 유지하는 한 미국은 언제나 강할 것이다. 전 세계의 인재들을 끊임없이 미국으로 받아들이며 그들이 아메리칸 드림을 이룰 수 있게 제도적으로 도움을 줄 것이기 때문이다. 그리고 그들 사이에서 생긴 후손들은 미국인으로서의 정체성을 가지고 살아갈 것이기 때문이다.

2. Hello, America!

미국 하면 떠오르는 게 뭘까? 혹시 코카콜라, 맥도날드, 제임스 딘, 청바지를 먼저 떠올린 독자분들이 있다면 축하한다. 나와 같은 세대일 확률이 98.75%다.

너무 많아서 하나하나 콕 집어서 얘기하기가 어렵지만, 도시를 상징하는 유명한 건축물을 예를 들어보자. 로스앤젤레스의 HOLLYWOOD 표지, 뉴욕의 엠파이어 스테이트 빌딩과 자유의 여신상, 라스베이거스의 후버댐과 그랜드 캐년 그리고 샌프란시스코의 금문교 정도다. 아마도 우리가 자주 보던 SF영화에서 외계인이 지구를 침공하면 가장 먼저 공격하는 나라가 미국이다 보니, 숱하게 부서져 나가는 그 지역 랜드마크들을 너무 자주 봐서일지도 모르겠다.

그런데 여행을 좋아하시는 분들에게 미국 하면 뭐가 떠오르냐고 물어보면 재미있는 답을 들을 수 있다. 바로 서부에서 동부까지 대륙을 관통하는 도로와 각 도시를 하늘길로 연결하는 수많은 공항에 관해서 이야기를 들을 수 있기 때문이다. 대체로 뉴욕 JFK 공항과 LA 공항은 입국심사가 까다롭고 라스베이거스 공항은 관광객이 많아 입국심사가 쉬운 편이며 샌프란시스코 공항은 규모가 작은 데 비해 이용객이 많아 항상 붐빈다는 등의 이야기를 말이다.

미국은 공항과 도로 등 교통에 관한 인프라가 무척 발달한 나라이다. '인터스테이트(Interstate)'와 약자 'I'로 시작하는 고속도로는 주를 넘나들 수 있는 도로로 서부에서 동부 또는 남부에서 북부로 이어지는 도로를 뜻한다. 샌프란시스코에서 뉴욕 맨해튼까지는 고속도로 총연장 대략 3,100마일(5,000km)을 달리면 도착할 수 있다. 서울과 부산을 6번 정도 왕복할 수 있는 거리이다. 이런 도로들이 동서남북을 관통하여 거미줄처럼 사통팔달로 연결된 나라가 미국이다.

이 도로들은 거미줄처럼 얽힌 듯 복잡해 보이지만 실은 너무도 단순하게 설계되어 있다. 주들을 연결하는 인터스테이트(흔히 I-80처럼 대문자 I를 앞에 붙인다.)는 내가 어느 곳쯤에 와 있는지를 숫자로 설명해준다. 만약 Exit 250이면 시작점(보통 대도시의 시청을 기준)에서 250마일 위치에 와 있다는 것이며, 내가 Exit 277로 빠져야 한다면 내 목적지는 약 27마일 지점 후에 나타난다.

도로의 길이도 길이이거니와 미국은 전 세계에서 가장 많은 공항을 가지고 있다. 그 숫자를 듣고 놀라지 마시라. 미국에는 무려 19,600여 개의 공항이 있다. (일반인이 자유롭게 이용할 수 있는 비행장은 5,000여 개 정도이다.) 실감이 별로 안 나겠지만, 우리나라 공항은

30여 개 수준이다. 물론 공항이라는 것이 땅덩어리가 클수록 많아지는 현상이 분명히 있지만, 미국과 맞먹는 땅 크기를 가진 캐나다와 멕시코도 1,500여 개 수준이다. 미국 다음으로 공항이 많은 나라는 세계에서 다섯 번째로 큰 땅을 가진 브라질로 4천여 개 정도라고 한다.

미국의 공항은 특히나 밤에 더 아름답다. 공항에서 차를 타고 빠져나오며 차창 밖을 바라보면, 작은 오렌지색 불빛을 품은 주택가들의 모습에 마음이 편안해진다. 야경이 화려한 한국의 밤거리와는 다르게 별들과 별자리들도 자세히 볼 수가 있다. 교차로를 벗어난 차는 마치 반딧불이의 숲을 헤쳐가듯 또 다른 도시의 불빛들로 채워진다.

내 지인 중 한 분은 밤에 보는 미국 번화가의 모습이야말로 가장 아름답다고 말하곤 하셨다. 생동감 넘치고 활기찬 낮과는 다르게 밤의 도시를 가득 채운 정적, 그 사이로 우뚝 솟은 건물들의 희미한 불빛은 길을 찾는 나그네를 인도하는 은하수 같다나? 참으로 서정적인 표현이다.

하루의 일과를 마치고 집으로 돌아가는 베이브릿지 위에서 바라보는 샌프란시스코의 오렌지빛 야경은 은은한 바닷바람을 머금은 로제 와인 같기도 하다. 나라는 사람을 색깔로 표현한다면 무슨 색일지 궁금한 밤이 지나간다.

3. 미국의 X세대도
   낀 세대다

　미국 역사상 가장 다양한 인종이 모여 있는 지금, X세대는 미국의 역사를 통틀어 부모보다 더 가난한 최초의 세대로 여겨진다. 1965년생부터 1980년생까지 인구 피라미드의 허리에 해당하는 이 계층은 2008년 금융위기 때 실직과 부동산 폭락처럼 경제적으로 매우 큰 타격을 받았었다.

　한국과 마찬가지로 미국도 경제 호황 시기에 사회생활을 하며 주택, 별장 등 많은 부동산을 소유했던 베이비 부머에 비해, 그다음 세대인 X세대는 부동산 사다리에 오르지 못했다. 주식도 마찬가지였다. X세대는 정체성에서도 혼란의 시기에 젊은 시절을 보냈다.

　내가 X세대 막차를 탄 덕분일까? X세대 고객들은 말이 잘 통한다. 사실 나는 Y세대의 첫차를 탔는데 이 Y세대야말로 오히려 X세대보다 더 존재감이 없는 듯싶다. 하지만 X든 Y든 간에 중요하지 않다. 이 세대들은 대체로 겸손하고 남들을 잘 이해하는 포용력이 좋다. 아마도 온라인과 오프라인의 경계인 인터넷이 없던 시대와 인터넷 세상(모바일도 하나의 인터넷이기 때문에)을 동시에 접하고 배워가고 있기 때문일 것이다. 모뎀으로 하이텔, 천리안 등에 접속해서 온종일 채팅하다가 다음 달 전화요금 폭탄에 당황했던 기억이 난다.

X세대에 관한 관심과 고민은 일본에서 먼저 나타났다. 40대 근처를 뜻하는 '아라포(Around 40)'란 용어가 등장할 만큼 일본은 X세대의 힘을 잘 안다. 처음 X세대들은 부모에 대한 부양과 자녀들의 교육 문제 때문에 자기 자신을 위한 소비가 매우 제한적이었다. 속칭 '낀 세대'가 되어버렸기 때문이다. 국가는 경제 활동이 가장 왕성한 이 낀 세대들로부터 막대한 세금을 거둬들였다. 인구의 고령화와 저출산이 동시에 겹쳐 막대한 세수가 필요했기 때문이다. 이 현상이 지금 우리에게 시사하는 바는 매우 크다. 우리도 이런 일본의 모습을 점점 닮아가고 있기 때문이다.

1961년생 캐나다의 작가, 더글러스 쿠플랜드는 1991년에 소설 『제너레이션 X』를 선보였고 이때부터 X세대라는 말이 생겨났다. 소설은 보카치오의 『데카메론』을 닮았다. 1960년대에 태어난 세 사람의 주고받는 이야기로 소설이 시작되는데, 점차 이들의 친구, 형제가 작품에 등장해 각자의 이야기를 들려준다. 이들의 특징은 부모가 지향했던 논리보다는 감성을 중시하고 개인주의적인 성향을 드러낸다는 것으로 부모들이 공동체 중심의 사고를 했던 것과는 반대였다. 결국 소설에서 이들은 "우리는 무엇인가?"라고 자문하며 자신들이 살아가는 시간대가 모호하고 불확실하다고 여긴다.

우리나라에서는 가수 김원준이 화장품 광고 모델로 등장하며 X세대가 빠르게 전파되었다. 당시까지만 해도 남자는 화장품 광고에 나오지 않았다. 서태지, 김건모, 신해철처럼 기존과는 다른 음악을 추구한 가수들이 폭발적으로 성장한 시기였다.

하지만 이런 X세대들에게도 최근 들어 심경의 변화가 생긴 듯하다. 요즘 MZ세대로 지칭되는 젊은 세대들은 오프라인 매장이나 사람들 간의 모임을 불편해하는 경향이 있다. 하지만 오히려 X세대들은 자다 깨면 세상이 바뀌던 기술의 홍수 시대를 살아오다 보니 오프라인, 온라인 할 것 없이 어디든 편하게 낄 수가 있다. 오프라인 매장에 들어서도 자연스럽고 온라인 구매도 불편함이 없다. 피트니스 센터에 다니며 운동에도 열심이고 음식을 먹고 나서 감사 인사와 팁에 대해서도 후하다. 배달 위주로 집에서 식사를 더 많이 하는 MZ세대와는 또 다른 듯하다.

X세대, Y세대, N세대, 이제는 MZ세대까지 호사가들이 자기들 편한 데로 세대를 구분하는 것들을 보면 조금 우습기도 하다. 다양성을 존중하며 소수 의견을 무시하지 않는 게 미국인데, 특별한 기준도 없이 태어난 나이로 구별을 짓는 건 MBTI보다도 엉성하다. 적어도 MBTI는 나이로 세대를 가르지는 않는다. 이렇게 사람들을 나이로 장벽을 세우는 것을 우리는 너무 쉽게 받아들이고 있는 건 아닌가 하는 생각이 든다.

4. 유대인들의 성인식은
   그들만의 리그다

미국에서 상류층은 보통 두 부류로 나뉜다. 벤처 회사의 기업공개 등으로 인해 갑작스럽게 부자가 된 경우와 조상들이 부자라 그에 대한 유산을 대대로 상속해서 부를 축적한 경우이다. 후자의 경우, 이들의 부모 세대가 제2차 세계대전 후 폐허가 된 유럽에서 미국으로 이주한 후 열심히 일하고, 이를 바탕으로 그들의 부를 축적하고 자녀들의 교육에 힘써 그들을 통해 그 부를 지키는 힘을 대물림 한 사례가 많다. 1950년대 제2차 세계대전에서 패망한 독일에서 건너온 유대인 석학들이 대거 미국의 학계와 산업계에 진출해 미국 젊은이들을 교육하고, 그들의 지적 수준 향상에 크게 기여한 역사적 사실이 이를 증명한다.

부의 창출은 고등교육을 받은 사람의 부단한 노력에서 나온다는 평범한 진리를, 그들 대대로 이어 그들만의 헤리티지로 만든 미국 부유층의 돈은 이제 세계를 지배하고 있다.

유대인들은 인종의 벽을 허물고 미국 사회의 주 구성원인 백인 외에도 신흥 부유층인 인도계, 중국계들과 자연스럽게 비즈니스로 연결하는 법을 알았다. 더욱 흥미로운 것은 유대인들은 조상 대대로 상대가 누군지를 불문하고 장사를 해왔기 때문에 뼛속까지 상인의 유전자가 남아 있다는 사실이다. 유대인들을 제대로 이해하려면 그들에게 숨겨진 유전자를 꼭 이해해야 한다. 그래야만 온전한 의미에서 이들과 소통하고 거래할 수 있기 때문이다.

"손님이 오면 돈도 함께 온다"라는 유대인 속담이 있다. 손님이 오면 환대한다는 말이지만, 그 이면에는 손님은 곧 돈이라는 뜻이 담겨 있다. 이게 내가 요식업계에서 성공한 유대인들로부터 배운 상식이다. 그것은 오랜 세월 동안 나라 없이 유럽 등지를 떠돌며 척박한 환경에서 이들이 어떻게 부를 축적하며 삶을 유지해왔을까 하는 질문에 대한 대답이다.

나라도 없이 오랜 시간 목숨을 건 여행 끝에 잠시 쉬어갈 수 있는 공간에 모인 유대인들은 필요한 음식과 장비를 보충하고 사람도 낙타도 당나귀도 제대로 휴식을 취할 수 있는 안식처를 마련했다. 유대인들은 이런 상황에서도 심신이 피로한 다른 상인들에게 온갖 서비스를 제공하는 것으로 최선을 다해 돈을 벌어들였다.

사실 요즘에도 유대인 아파트 주인은 조금이라도 어수룩해 보이는 외국인 세입자가 들어오면 집에 문제가 생겼다는 둥 온갖 트집을 잡아 세입자의 주머니를 톡톡 털어간다. 이윤을 남기는 것이 장사꾼의 당연한 권리라고 생각하기 때문에 유대인들에게 양심의 가책 따위는 없다. 사기와 상술의 경계를 자유롭게 넘나드는 것 자체가 비즈니스에서는 흔히 일어나는 일들이기 때문이다.

하지만 이런 찔러도 피 한 방울 나올 것 같지 않은 유대인들도 그들과의 관계를 잘 쌓기만 한다면 어마어마한 단골이 되는 경우가 많다. 나와 같이 케이터링 비즈니스를 함께하는 유대인 케이터링 회사가 그렇다. 그들이 주력으로 삼고 있는 비즈니스 모델은 바로 유대인 성인식인 '바 미츠바(Bar Mitzvah)' 전문 케이터링이다.

그들은 특이하게도 성인식을 아들은 13살, 딸은 12살에 치른다. 그들의 율법에 따르면, 13살이 되는 순간부터 그들의 말에는 책임이 뒤따른다고 하는데 거기서 유래가 된 듯하다. 바 미츠바를 치른 아이들은 유대인 사회 안에서 성인으로 취급해주는데 거의 모든 어른의 행사에 참여할 수가 있다. 물론 유대인들이 살고 있는 해당 국가의 기본법률은 따르는 한에서 말이다.

친지와 가족들을 중심으로 십시일반 돈을 모아 성인이 된 이들에게 증여한다. 그렇게 모인 자금은 그들이 율법이 아닌 법적으로 성인이 되면 창업하든 여행을 떠나든 언제든 쓸 수 있는 든든한 종잣돈이 되는 것이다. 유대인에게 있는 이런 전통 덕분에 그들은 부의 대물림을 쉽게 할 수 있는 듯하다.

위에서 언급한 케이터링 회사와 나의 첫 만남은 썩 유쾌하지는 않았다. 그들의 성인식에 우리 음식을 같이 제공하고 싶다고 콜라

보 제의가 들어왔고 나는 바로 그들에게 메뉴와 견적서를 보냈다. 하지만 문제는 그때부터 시작되었다. 메뉴를 받아본 그들이 이것저것 트집을 잡기 시작한 것이었다. 그리고 유대인 성인식에 맞춘 특별한 메뉴를 우리에게 만들어 달라고 요청했다. 하지만 음식 예산에는 제한을 걸어 우리를 곤란하게 했다. 우여곡절 끝에 우리는 어느 가을 나파 밸리에 있는 골프장에서 유대인 성인식 음식을 총괄했다. 손님들은 우리의 음식을 극찬했으며 계속 줄을 서서 먹고 또 먹었다. 나중에는 우리 회사의 명함을 달라고 하였고, 몇몇 손님들은 자신의 회사 또는 집에서 파티할 때 우리를 따로 부르는 경우도 있었다.

그렇게 손님들의 긍정적인 피드백과 우리의 완벽한 행사 진행을 직접 보고 겪은 케이터링 회사 대표는 첫 데뷔 후 6년이 지난 지금도 우리와 1년에 20건 이상씩의 행사를 치르는 완벽한 단골이 되었다. 내가 생각하는 유대인들은 처음 보는 이들에게는 조금 까칠하게 굴다가 자신들의 기준을 통과한 사람들에게는 굉장한 신뢰를 준다. 그리고 절대 함부로 단골을 바꾸지 않는다. 적은 금액이라도 차이가 나면 바로바로 공급업체를 바꿔버리는 요식업의 세계에서 이런 유대인들의 우직함이야말로 신뢰를 바탕으로 한 그들만의 신용 사회를 구축하는 하나의 방법이 아닐까 한다.

5. K-푸드,
미국을 뒤흔들다

얼마 전 재미있는 뉴스가 나왔다. 미국 서부의 유명 마켓 체인점 '트레이더 조스(Trader Joe's)'에서 한국에서 생산된 김밥이 냉동된 상태로 납품되기 시작됐다는 것이다. 나는 뉴스를 보자마자 바로 마켓으로 달려갔다. 품절의 아쉬움을 뒤로한 채 마트에 온 김에 장이나 보고 가자고 한 바퀴 돌았다. 그런데 웬걸 곳곳에서 한국 음식이 눈에 띄었다. 심지어 한글로 된 포장지에 한국산 제품도 심심치 않게 있었다. 갈비, 만두, 잡채, 비빔밥 등 종류도 다양했다.

"아~ 주모 여기 국뽕 한 사발 추가요."

미국 상점에 한국 음식이 있는 것이 뭐가 대수냐 하실 독자분들도 있겠지만, 미국에 거주하는 한인 동포들에게는 사뭇 이야기가 다르다. 한국에 가족들이 남아 있는 대부분의 미국 이민자라면 한 번씩은 겪었을 이야기인데, 가족을 만나기 위해 부모님이나 친척 어른들이 미국으로 오셨을 때 한국 음식을 쉽게 구할 수 있다는 것만으로 여행의 질이 한층 높아진다. 미국에서 먹는 음식이 느끼하다고 불평하시는 어른들을 모시고 한국 식당을 찾아서 낯선 동네를 헤매는 일을 획기적으로 줄일 수 있기 때문이다. 한국 식당이 없는 도시에서는 이제 그냥 미국 상점으로 가서 한국산 냉동식품들을 사와 전자레인지로 쉽게 해결할 수 있게 되었다.

내가 미국에 처음 왔을 때 언젠가는 이런 날이 오지 않을까 막연히 생각했었던 적이 있었다. 어디서든 한국 음식을 먹을 수 있기를… 그리고 한국 음식이 더 이상 미국 사람들에게 낯선 음식이 아니길 말이다. 그리고 샌프란시스코에 사는 우리가 맛있는 한국 음식을 먹으려 무려 6시간 동안 운전해서 LA 한인타운으로 가지 않기를 말이다.

2007년경 샌프란시스코의 한인 마켓은 미안하지만, 구멍가게 정도 수준이었다. 그마저도 물건이 다양하지 않았고 내부는 어두침침하기만 했다. 좀 더 다양한 물건을 구하기 위해서는 차로 30분 정도 떨어진 Daly City의 국제 마켓이나 한 시간 이상 떨어진 산호세의 한국 상점들로 갈 수밖에 없었다. 심지어 차가 없는 유학생들이 많아 한국 상점에 가려면 차가 있는 내가 날을 잡아서 몇 명만 내 차에 태워서 장을 보러 가고는 했었다. 그렇게 한국 음식을 먹기 위해서는 큰 노력과 불편함이 따라야 했다. 하지만 지금은 미국 메이저 상점 곳곳에서 한국 음식들을 쉽게 구할 수 있으니 정말이지 상전벽해가 따로 없다.

그리고 요즘 들어 샌프란시스코에 새로 문을 여는 한국 식당들이 많아졌다. 그중에는 한국인 최초로 미슐랭 3 스타를 받은 'BENU'

의 오너 쉐프인 'Corey Lee'의 서브 브랜드 'SAN HO WON'이 있으며 치즈 갈비찜으로 유명한 '대호'가 있다. 이곳들은 보통 예약을 해야 하거나 워크인으로 가면 주말에는 보통 2시간의 웨이팅이 있을 정도로 유명하다. 샌프란시스코에 놀러 와 미국에 있는 한국 음식이 어떤지 궁금하다면 꼭 한번 들러보시길 추천한다. 그 밖에도 내가 한국 포장마차 콘셉트의 '야시장(YASIJANG)'을 준비 중인데 책이 출판되었을 때쯤에는 성업 중일 듯하다.

미국에서 K-푸드가 유명해지고 있다고 느끼는 것은 이렇게 한국 식당들이 줄 지어서 열고 또 손님들이 줄을 서서 먹는다는 것이 끝이 아니기 때문이다. 이제는 한국 식당들의 주인들마저 한국 사람들이 아닌 경우가 많다. 한국 사람이 운영하지 않는 한국 식당에 다양한 인종들의 쉐프가 한국 음식을 만들고 또 손님들에게 서빙하고 있는 시대가 오고 있다. 이것이 바로 한식의 세계화가 아니겠는가?

가끔 우리 가게를 방문하는 손님들이 나의 국적을 물어볼 때가 있다. 그럴 때마다 나는 내 조리복 오른쪽 어깨에 패치된 태극기를 보여주며 나는 한국 사람이라고 당당히 이야기한다. 그러면 어떤 손님은 한국 사람이 왜 일본 음식을 만드는 것이냐고 물을 때가 있다. 그러면 난 항상 손님에게 이렇게 이야기한다.

"그럼 미국 사람이 왜 이탈리안 레스토랑에서 파스타를 만들어?"
"일본 사람은 인도 카레 만들면 안 되는 거야?"

그러면 보통 손님들은 말을 돌리거나 미안하다며 사과한다. 내가 이런 말을 하는 이유는, 지금보다 다양한 인종들이 한국 음식을 만들고 또 한국 식당을 열었으면 좋겠다는 마음 때문이다. 처음에는 분명 우리가 생각하는 맛이 아닐 수도 있고 이게 무슨 한국 음식이냐는 얘기가 나올 것이다. 하지만 사람들이 점점 한국 음식에 익숙해지다 보면 한국 음식을 못 만드는 식당은 점점 도태될 것이고 맛 좋은 한국 식당만 살아남을 것이다. 그리고 그렇게 점점 한국 식당이 늘어나게 되면 당연히 우리의 식재료도 수출이 많아질 것이며 국가의 위상도 함께 올라갈 것이다. 누이 좋고 매부 좋은 일이 아닌가. 이는 가깝지만 먼 이웃 나라 일본이 먼저 걸었던 길이다.

일본의 경우를 살펴보자. 지금 전 세계 어디를 다녀봐도 일식당이 없는 곳은 거의 없다. 열사의 중동 사막뿐만 아니라 혹한의 알래스카까지. 그리고 그 일식당의 주인들이 100% 일본인은 아니다. 현지인들이 주인인 것이 대부분이고 그 밑에서 일하는 쉐프들도 마찬가지로 일본인들이 아니다. 대신 그들은 일본에서 수입한 일본 식재료로 일식을 만들어 손님들에게 제공한다. 우리도 이것을 본받아야 한다. 그래서 K-푸드가 한 단계 더 진화해 전 세계 어디를 가더라도 간편하게 한국 음식을 주문할 수 있었으면 좋겠다.

6. 제2의 디트로이트,
   샌프란시스코

사시사철 온화한 지중해성 기후를 가진 축복받은 도시 샌프란시스코가 무너져 내리고 있다. 미국 서부의 금융과 상업 중심지에 무슨 일이 일어나고 있는 것일까?

거의 3년의 팬데믹 기간을 거치면서 샌프란시스코의 도시 기능은 많이 훼손됐다. 금융가를 뛰어다니며 일을 하던 많은 사람들이 사라졌다. 샌프란시스코에 있는 수많은 빅테크 기업들이 팬데믹 기간에 직원들의 사무실 출근을 막고 재택근무, 원격근무로 전환을 해버렸기 때문이다. 그러면서 도시는 텅 비게 되었고 거리는 한산해졌다.

처음 몇 달간은 도시에 별다른 문제가 없는 것처럼 느껴졌지만 이런 상황이 길어지면서 도시의 슬럼화가 빠르게 진행되었다. 평소에도 비싼 집값으로 유명했던 샌프란시스코인데 재택근무로 인해 사무실에 출근할 필요가 없어졌다. 이제 샌프란시스코의 자유로운 밤 문화를 즐길 수가 없게 되었다.

더 이상 도시에 살 이유가 없어진 젊은 직장인들은 이 도시에서

탈출하기 시작했다. 그들은 원격근무가 가능한 곳이면 어디든지 갈 수가 있었다. 진정한 의미의 '디지털 유목민(Digital Nomad)'이라는 신인류가 탄생한 순간이다. 사실 이 표현도 좀 식상하다. 그렇게 샌프란시스코의 중심부는 빠르게 비워져 갔으며 주변 위성도시들의 집값과 월세가 가파르게 상승하기 시작했다.

반대로 샌프란시스코는 그동안 세간의 관심을 받지 못하던 노숙자들로 중심부가 채워지기 시작했다. 노숙자들이 들어오면 그들을 따라 그들의 안타까운 상황을 약으로 잠시 잊게 해줄 마약상들도 같이 들어오는 법. 이때의 잘못된 대응으로 인해 샌프란시스코는 지금과 같은 몰락의 길로 걸어가게 되었다.

100여만 원이 조금 넘는 950달러는 미국에서도 결코 적은 돈이 아니다. 그런데 시 정부에서 간단한 브리핑 후 950달러 미만의 금액을 훔친 도둑들이 잡힌다 해도 검찰이 기소하거나 감옥에 보내지 않을 것이라고 밝혔다.

혼돈의 무법 도시. 당시 내 주변 지인들과 나는 도대체 이게 무슨 말도 안 되는 일이 벌어진 건지 의아해했다. 설마… 에이 설마… 설마가 사람 잡는 데는 단 하루도 걸리지 않았다. 우리 가게 바로 건너편에 있는 '월그린(Walgreen)'이라는 마켓 체인점에 도둑이 들었다. 경찰이 출동했고 범인은 잡혔지만 무장을 하지도 않았고 피해 금액이 950달러 미만이라 풀려났다. 바로 다음 날 어제 잡혔던 그

도둑들과 친구들이 또 같은 상점을 털었다. 이번에는 경찰이 오지도 않았다. 그렇게 그 상점은 하루에 7번씩 털렸다.

이런 일들이 샌프란시스코시 전역에서 벌어졌다. 그리고 뉴스에서는 약탈해간 물건들이 벼룩시장에서 염가에 팔리고 있는 것을 다시 보도했다. 결국 월그린은 7개의 샌프란시스코 시내 점포를 닫았다. 우리 가게 앞은 25년 동안 동네 터줏대감으로 자리했던 곳이었다. 마켓의 문은 굳게 닫혔고 창문은 합판으로 가려졌다. 위치가 좋았지만 공실이 났고 어느 날부터 노숙자들이 진을 치기 시작했다. 그리고 마약상들이 따라 들어왔다. 경찰은 나타나지 않았다. 아니 나타나도 내려서 제재를 가하거나 잡아가는 것이 아닌 경찰차 안에서 사이렌 한 번 울리고 바로 떠나버렸다. 그러다 우리 가게에도 사달이 났다.

어느 날, 약에 취한 노숙자 중 한 명이 우리 가게 창문을 깨고 도망을 가버린 것이었다. 경찰에 신고하고 기다렸으나 아침 9시에 부른 경찰은 오후 4시가 다 되어서야 나타났다. 그러고는 가게를 쓱 한 번 돌아보고는 뭐 없어진 것은 없느냐고 간단하게 묻고는 그냥 가버렸다. 경찰에게 제공한 노숙자가 찍힌 동영상이 담긴 USB는 가져가지도 않았다. 이 도시는 무언가 크게 잘못되었다고 느꼈던 순간이었다. 힘이 없는 일반 시민들이 타인에 의해 폭력에 노출되어 그들 신체나 재산에 피해를 보면 그럴 때 도와주기 위해 있는 것이 경찰 아닌가? 너무 당연하다고 생각하던 내가 안일했던 것인지도 몰랐다.

　무려 3년이라는 시간이 흐르면서 샌프란시스코는 골든타임을 놓쳐버렸다. 미국이 자랑하는 공권력이 무너지면 미국이 무너진다. 경찰 인력이 부족하면 시 재정, 주 재정을 쓰고 안되면 채권이라도 발행해야 한다. 깨진 유리창의 법칙이 뉴욕에서 범죄를 획기적으로 줄였는데 샌프란시스코는 거꾸로 가고 있다. 단 95센트를 훔쳐도 범죄라는 인식을 심어줘야 한다.

　2021년 12월의 어느 날, 유명 TV 채널인 ABC에서 연락이 왔다. 과거에 스시에 호평을 했던 친분이 있던 기자였다. 우리 가게 주변의 노숙자와 마약상들에 관해서 인터뷰하고 싶다는 것이었다. 인터뷰에서 나는 솔직하게 털어놓았다. 낮이건 밤이건 가게 주변의 길이 위험해 보인다. 시에서는 손을 놓고 있는 것 같으며 상황이 나아질 기미가 보이지 않는다고 말이다. 그리고 우리 가게에서 한 블록 떨어진 곳의 호텔에서 손님들 예약이 자주 들어오는데 이제는 그 호텔마저도 문을 닫아버려 손님이 더 떨어졌다고 말이다. 그렇게 내 인터뷰는 미국 전역에 방송되었고 단골손님들이 그 뉴스 얘기를 하며 속 시원하게 얘기 잘했다고 많은 응원을 보내주었다.

　신문사와의 인터뷰에서도 역시 나는 샌프란시스코의 시정에 대한 불만과 시민들이 위험에 처했다는 것을 강하게 얘기했으며 그들에게 하루라도 빨리 어떤 조처를 하지 않으면 도시가 심각한 위험에 처할 수 있다고 이야기했다. 그리고 나는 영화 속 배트맨이나 스파이더맨이 필요하다고 했다. 기자는 이것을 메인으로 실었다.

한 손에는 커피를 들고 강아지를 데리고 산책을 하며 눈을 마주치는 사람들끼리 가볍게 "Hi~"하면서 서로 지나쳐 가던, 그 여유롭던 도시가 너무 안타깝게도 한순간 이렇게 변해버렸다. 도시 곳곳에 창궐한 노숙자들과 마약상들 그리고 텐트들과 넘쳐나는 쓰레기들. 제2의 디트로이트가 될지, 안 될지 갈림길에 서 있는 샌프란시스코. 자연과 조화를 사랑한 성자 프란시스코의 이름을 딴 이 도시에 성인의 가호가 다시 한번 깃들기를 바란다.

BUSINESS

'Stuck Waiting for Batman': Business Owners Confront a Boulevard of Broken Dreams

Written by **Kevin Truong**
Published Mar. 31, 2023 • 5:00am

Ike Hwang, owner of Ike's Kitchen at 800 Van Ness, has faced growing issues of vandalism as drug sales and homelessness have migrated on his block. | Kevin Truong/The Standard

V.
아이크의
아메리칸 드림

내게 이런 것들을 처음부터 자세히 알려주는 사람들이 있었다면 알아보는 시간도 줄이고 지금보다 좀 더 일찍 사업을 시작했을 것 같다.

1. 아메리칸 드림,
   미국에서 사업하기

바로크 양식의 건축물로 아름답기로 유명한 샌프란시스코 시청사에서 걸어서 5분 거리에 내가 운영하는 레스토랑이 있다. Ike's Japanese Kitchen으로 상호에 내 미국 이름을 사용했다. 30대 후반, 나의 인생 처음으로 시작한 레스토랑이다. 멋들어진 이름을 지어보려 했지만, 작명 실력이 부족하여 아내와 머리를 맞대 고민하다가 지은 이름이었다. 그렇게 이곳은 파란만장한 나의 미국 정착기와 도전기 그리고 나의 아메리칸 드림이 공존하는 곳이 되었다. 그래서 독자분들 중 미국 이민에 도전해보고자 하는 분들이 있다면 조금이나마 도움이 되기를 바란다.

사업에 관심이 있거나 직장을 다니다 보면 누구나 한 번쯤은 들어본 말이 있을 것이다. "자기 돈으로 장사하는 거 아니다"라는 말을. 이 말을 100% 다 동의할 수는 없지만, 본인의 상황에 따라서 전혀 뜻하지 않은 큰 기회가 찾아올 수도 있다.

나는 당연하게도 금수저로 태어나지 않았다. 서울에서도 서쪽 끝의 구로구 오류동에서 살았고 안산공대(지금은 신안산대) 호텔조리과를 나왔다. 호텔조리과 출신 대부분이 가는 취사병 대신 헌병대로 전역했다. 복학 전 여러 아르바이트를 전전하며 사회생활을 했다. 유치원 보조교사, 신용보증기금 계약직으로도 일해보았고, 경호업체, 컴퓨터 조립, 호텔 서빙 등을 경험한 후 복학해서 한 학기를 다니다 그해 여름 방학이 끝나고 얼마 지나지 않아 국내 최초의 스시 뷔페인 무스쿠스에 창립 멤버로 입사하여 전시 조리사의 길을 걷기 시작했다.

몇 년 후 경기도 화성에 있는 현대 계열의 롤링힐스 호텔 창립 멤버로 합류하였다. 호텔이 한창 공사 중일 때 직원들을 상대로 경희사이버대학교 교수님들을 초빙하여 몇 주간의 교육을 진행하였는데 이것이 인연이 되어 나는 다음 해에 같은 학교 관광레저 경영학과로 편입했다. 한국에 계속 있었으면 대학원까지 진학했었을 테지만 호텔 생활 2년여 후 나는 미국으로 오게 되었다.

내 자본을 100% 부담해서 사업장을 여는 경우는 드물다. 그건 미국에서도 마찬가지이다. 돈이 부족해 어쩔 수 없이 빚을 져야 하는 때도 있을 것이며 위험성을 분산하기 위해 수천만 달러를 보유한 사람들도 일부러 빚을 진다.

미국에는 나와 같이 가게를 열고 싶지만, 돈이 부족한 사람들에게 가게를 담보로 대출을 해주는 프로그램이 존재한다. 소상공인론으로 불리는 'SBA(Small Business Administration)'이다. 생소하고 또 어렵게 느낄 수도 있지만, 미 연방 중소기업청, 우리로 따지면 중소벤처기업부에서 대출 보증을 해주는 것이다. 정부에서 직접 대출하는 방식은 아니고 정부 승인이 나면 시중은행이 대출해준다.

우선 미국에서 식당을 열고 싶다면 지역 상권 분석을 하면서 메뉴를 선택해야 한다. 프랜차이즈로 할 것인지, 아니면 자신만의 음식으로 승부를 볼 것인지 정해야 한다. 어느 지역에서 사업을 시작할 것인지 정했다면 그곳에 있는 한인 커뮤니티 사이트에 들어가보자. 그곳에서 비즈니스 매매란을 찾아 클릭해보면 한인들이 운영하는 가게들이 매물로 올라와 있는 것을 확인해볼 수 있다. 마음에 드는 매물이 있다면 바로 연락을 해도 되고 아니면 거래가만 파악한 후에 영문 사이트로 이동해서 비슷한 매물을 살펴봐도 된다.

그리고 그런 매물 중 가끔 'SBA Loan Pre-qualified(소상공인 대출 가능)'이라는 문구가 붙어 있는 글이 있는데, 보통 이런 매물은 몇 년간 꾸준하게 매출이 나와 주인이 돈을 안정적으로 벌었다는 뜻이다. 국세청 세금 보고를 기준으로 하기 때문에 장부 조작의 염려도 없다. 마음에 들면 그 매물을 거래할 수 있는 부동산 중개업자와 연락을 한 후 약속을 잡고 일련의 과정을 거친 후 대출 신청까지 간다면 반은 성공한 것이다.

물론 대출을 신청한다고 해서 무조건 나오는 것은 아니고 개인의 직무 연관성을 따져보게 된다. 아무리 식당 매물이 대출 적격이라고 해도 식당에서 일한 경험이 일천한 컴퓨터 개발자가 인수한다면 대출이 나오지 않을 수도 있다.

이렇듯 잘 진행되어 부동산 중개를 해주시는 분이 "대출 승인이 되셨습니다"라고 하면 그땐 "아! 나도 오너가 되었구나!"라고 여기면 된다. 그만큼 이 대출은 사업주에게 중요하고 기쁜 소식이다.

이제 이 대출은 다시 7a 대출과 504 대출로 구별되는데, 미국에서 숫자 형태의 서류나 명칭이 많은 것은 이민자들에게 도움이 될 때가 많다. 예를 들어, 우리나라에서는 가족관계증명서, 출입국사실관계증명서, 주민등록초본, 주민등록등본 등등 각각에 맞는 명칭이 많다. 외국에 오래 산 나조차도 한국에서 요구하는 서류들이 가끔 헷갈릴 때가 있는데 외국인의 입장에서는 이게 한눈에 들어오지 않는다. 사족으로 만약에 한국에서 외국인이 무언가를 할 때 필요한 서류를 좀 더 부르기 쉽게 한글과 번호를 조합해 부르면 어떨까? 행정력의 낭비일까? 내 개인적인 생각이지만 외국인들이 한국에 사업체를 만들 때 좀 더 편할 듯하다.

대출을 받아 사업을 하거나 건물을 사서 내가 그 건물에서 사업을 하고 싶을 때 쓰이는 부분이 7a 대출이다. 504 대출은 주로 부동산(건물) 투자에 관한 것인데 여기에 해당하는 경우는 인터넷에서 얼마든지 찾을 수 있다. 504 대출은 보통은 건물 가격의 50%를 계약금으로 내고 나머지 금액에 대해 최대 40%까지 낮은 이자로 빌릴 수 있다는 대출 상품 정도로 이해하면 쉽다.

내게 이런 것들을 처음부터 자세히 알려주는 사람들이 있었다면 알아보는 시간도 줄이고 지금보다 좀 더 일찍 사업을 시작했을 것 같다.

이제 대출이 되었다. 사업을 하기 위해서 가장 먼저 선택할 것이 있다. 바로 상법상의 회사의 형태다. 미국 회사의 형태는 크게 4가지 유형이 있다. 그중에서 'C타입(C-corp)'과 'S타입(S-corp)', 이 두 개만 짚고 가겠다. 이런 회사를 설립하지 않고 통상 '자영업(Sole Proprietorship)' 신고를 하는 일도 있지만 나는 별로 추천하고 싶지 않다. 왜냐하면 이건 기업주가 무한대로 책임을 져야 하기 때문이다. 회계 등에 편리한 면은 있지만(회삿돈이 내 돈이라는 인식이 강해지고 실제로 내 돈이 들어가고 나가는데 꽤 자유롭다.) 이 말은 책임도 끝까지 져야 한다는 것을 의미한다. 쉬울수록 책임지는 게 많고, 위험부담이 크다는 것을 알아야 한다.

'동업회사(Partnership)'는 전문 직종에서 많이 이뤄진다. 법률회사나 회계법인, 벤처캐피털처럼 서비스나 투자, 자문료 등을 깔끔하게 나눌 수 있는 경우가 많다. 이 방식이 조금 더 커지면 '유한회사(Limited Liability Company)'로 발전한다.

그리고 지금 설명할 '주식회사(Corporation)'가 있다. 주식회사는 C타입과 S타입이 있는데 알파벳 순서상 C 〈 S이니 S가 더 유리하다고 외우자. S는 '서브(Sub)'의 약자인데 세금 보고에 관한 '추가

조항'을 의미한다. 통상적으로 추가조항을 넣는 이유는 우대사항이 많기 때문이다. S 주식회사는 그래서 미국 시민권자(영주권자는 안 됨)만 설립할 수 있다. 우리나라에서도 외국인이 아닌 대한민국 국민만 특정한 형태의 회사를 설립할 수 있도록 한다면 더 우대받을 가능성이 높다.

여러분이 사업장을 운영하고자 하는 주 정부에 법인 설립을 신청하면 자동으로 C 주식회사가 되니 크게 신경 쓸 것은 없다. C와 S의 가장 큰 차이는 세금을 두 번 내느냐 아니냐에 있다. C는 법인이 벌어들인 소득세를 Form-1120을 통해 보고한 후에 21%의 법인세를 납부한다. 그리고 한 번 더 절차가 남아 있다. 세금까지 납부했으면 자영업자의 경우(혼자 100% 지분을 갖고 있을 때) 남은 소득이 내 소득이 된다. 그런데 Form-1040로 개인 소득세를 다시 납부한다. 소위 이중과세의 형태다.

반면에 S는 Form-1120 S(S라는 글자가 붙어 있는 양식)를 통해서 세금 보고를 하는 것은 비슷하다. 다만 이후에 법인 소득이 주주에게 자동으로 배당된 것으로 간주하고 종료된다. 이미 회사가 개인의 소득세까지 내는 것으로 보기 때문에 단일과세의 형태다.

위에 설명한 글들이 매우 딱딱하고 어려울 수도 있다. 물론 처음에 나도 그랬다. 전문가에게 맡기면 되지 않으냐고? 그래도 된다. 미국은 돈이면 해결되는 문제가 90% 이상은 된다. 하지만 내가 조금이라도 용어에 익숙하고 반대로 내가 고용한 전문가에게 궁금한 것을 물어볼 수 있는 수준이 된다면 내가 고용한 전문가들이 좀 더 신경을 쓸 것이다. 미국처럼 서비스와 관련한 비용이 많이 드는 나라에서는 전문가를 고용하는 시간을 줄이는 것이 굉장한 비용 절감으로 이어진다.

2. 내 이름을 건
   간판을 걸다

회사명을 지을 때 한국에서는 현대, 삼성, 롯데처럼 창업자의 의지가 담긴 단어를 선호하는 반면, 미국에서는 보통 창업자의 성(姓)씨를 많이 쓴다. 우리나라의 대표적인 로펌인 '김앤장'이 미국식을 따른 듯하지만, 다른 회사명에서 창업주의 이름과 관련된 것을 찾기는 쉽지 않다.

미국 인구는 약 3억3천만 명인데 성씨는 무려 100만 개가 넘는다. 산술적으로 한반도의 50배가 되는 영토에 똑같은 성씨를 가진 집단이 평균 300명 정도이게 된다. 물론 특정한 성씨는 우리나라의 김, 이, 박 씨처럼 훨씬 더 많겠지만 학생들의 경우 한 반에 같은 성씨가 있는 건 우리 생각보다 드물다. 그래서 같은 성씨는 정말 가족 아니면 모르고 지냈던 가까운 친인척일 가능성이 높다.

우리나라와는 달리, 여전히 미국과 영국 등 서구권 국가에서는 여성이 결혼하게 되면 남편 성을 많이 따른다. 영국은 거의 90%가 넘고 미국이나 캐나다도 70% 이상이다. 과거 서구권 국가에서는 여성이 결혼으로 인해 남자의 집안으로 가게 되면 철저히 출가외인 취급을 받았다. 역사적으로 중세 유럽은 끊임없는 전쟁과 혼돈의 연속이었기 때문에 한 번 결혼해서 본가를 나가면 친정을 오고 가기가 매우 어려웠다. 그래서 여성은 자연스레 남편의 성을 따르면서 자녀와 같은 한 가족으로 묶였다.

나의 한국 이름은 '황익주'인데 우리나라에서 흔한 이름은 아니다 (성씨도 그렇고 이름도 그렇다.) 미국에서는 더더욱 흔치 않다. 하지만 샌프란시스코에 중국계 이민자들이 많아서 그런지 내 성 '황'을 'Hwang'이 아닌 '후앙(Huang)'으로 발음하면서 중국인 취급을 할 때가 가끔 있다. 그때마다 발음을 정정해주면서 꼭 "나는 한국인이다"라고 얘기를 해준다. 그러면 아주 가끔 K-프리미엄이 붙어서 그런지 손님들과 많은 얘기를 나누게 되고 쉽게 친해지기도 한다. (사랑합니다. BTS! 감사합니다. K-팝 관계자분들!)

미국은 이렇듯 자영업을 할 때면 자연스럽게 이름을 내세운다. 월마트는 샘 월튼의 가족들이 뒤에 마트를 붙여 창업했다. 가족 기업인 셈이다. 앞서 설명했던 파이브가이즈 버거는 제리 머렐 가족이 창업했는데, '머렐 버거'라도 불러도 전혀 이상할 게 없다. 아들이 전 아내와 현 아내에서 태어난 이복형제들이라 다섯 명의 남자로 작명한 것 같다.

미국으로 유학을 오거나 일자리 때문에 오신 분들 중 이름 때문에 고민하는 분들이 은근히 많다. 한국 이름을 그대로 쓰기에는 외국인들이 발음하기가 어려워 학교나 직장에서 곤란할 때가 많고,

그렇다고 미국 이름을 새로 만들자니 막상 같은 이름들이 많다. 좀 웃긴 얘기지만 100만 개나 되는 성에 비해서 미국인들의 이름은 단순하기 짝이 없다. 한국은 보통 성씨 뒤에 특색 있는 이름을 붙이고 보통 이름만 부르는 경우가 많다. 한국에서 성만 부르면 아마 대부분의 사람들은 싫어할 것이다. "어이, 김 씨!" 상상만 해도 곳곳이 난장판이 될 것이 뻔하다. 그런데 미국엔 이름이 보통 샘, 존, 토마스, 제이슨, 제이든, 마크, 이든 등 그해에 유행하는 이름들이 있다. 아마 할리우드 영화만 봐도 알 것이다. 주인공의 이름들은 어디서 많이 들어본 이름들이 번갈아 가며 들릴 것이다.

나는 다행히도 이름에 대해서는 걱정이 없었다. '익주'라는 이름도 흔치 않았는데 '익'에서 따온 영어 이름인 'Ike(아이크)'도 미국에서 흔한 이름은 아니었다. 가끔 내 이름 덕을 볼 때도 있다. 'Hwang'이 성이라 중국계인 줄 알고 중국 손님들한테 주문이 들어왔고 'Ike'를 이케로 발음하는 손님들이 내가 일본계인 줄 알고 주문했다. 어찌 되었든 손님들이 내 이름을 빨리 기억하고 주문을 해 주는 것에 내 이름 덕을 좀 보았다. 이렇게 바로 기억이 나는 '토마(TOMA, Top Of Mindness Awareness)' 현상이야말로 마케팅 심리에서 가장 중요했기 때문이다.

언젠가 내 이름을 걸고 나만의 레스토랑을 열고 싶다는 결심을 한 지 오래되었으나 이렇게 빨리 꿈을 이룰 수 있을지는 몰랐다. (반쯤 장난스럽게 지었던 이름이 내 꿈을 앞당긴 듯하다.) 나는 법인명과 상호

명이 달랐기 때문에 주 정부에 달리 쓰겠다고 등록을 했다. 상호명은 '픽셔너스(Fictitious Name)' 또는 'DBA(Doing Business As)'로 부르는데 말 그대로 픽션(가상으로 그냥 짓는) 또는 비즈니스를 이렇게 부르겠다는 꽤 직관적인 의미다. 그리고 내 법인과 상호를 단 사업장이 같은 업체라는 것을 시 또는 카운티 정부에 등록한다. 그리고 간단하게 이를 공표한다는 의미로 지역 일간지에 신문 광고를 하게 되면 법적으로 인정을 받게 된다.

이제 이후의 절차는 생각보다 어렵지 않다. 미국에서 개인에게 부여받는 '사회보장번호(SSN)'가 있듯이 고용자도 고유번호를 받아야 한다. 이 'EIN(Employer Identification Number)' 번호를 받기 위해서는 미 국세청에 신고해야 하는데 이때 동업자 등이 있으면 이름과 개개인의 사회보장번호를 같이 제출하면 된다.

특이한 점은 법인에는 최소한 네 개의 직책을 써야 한다는 점인데 그리 걱정할 필요는 없다. 1인이 혼자 겸직을 할 수 있기 때문이다. CEO와 CFO, 감사, 이사, 이렇게 모두 한 사람이 할 수 있다. 마지막으로 이제 은행 계좌를 열고 사업장을 임대하는 것으로 가게 오픈 준비는 거의 마무리되었다. 물론 영업허가와 판매허가(주류판매는 ABC 라이센스가 필요하다. 허가에 관한 것은 한국처럼 신고제가 아니라 허가제라 지역에 따라 꽤 오래 걸리는 경우가 있다.)처럼 넘어야 산들이 다소 있다. 나처럼 식당을 오픈할 때는 위생과 관련되어 있으므로 '검역증(Health Permit)'도 필요하다.

우리가 일일이 이런 과정을 직접 처리하기에는 너무 많은 시간과 힘이 들 수 있다. 그래서 전문가들이 있는 것이며 보통 부동산 중개인들이 서류 작성을 도와준다. 하지만 그들에게 너무 많은 기대를 하지는 말도록 하자. 부동산 중개인이라고 모든 절차를 다 아는 것은 아니고, 그들만 믿고 있다가 계약이 깨지는 일도 더러 발생한다. 하지만 이렇게 큰 산을 넘은 등반자들에겐 시간과 절차의 문제일 뿐 자신의 꿈을 향해 앞으로 나아가는 일만 남았다.

3. 아이크의 일식 주방
(Ike's Japanese Kitchen)의 탄생

스시는 우리나라에서 초밥으로 불리지만 고유의 단어인 '스시'로 부르는 게 맞다. 초밥은 말 그대로 얇게 포를 뜬 생선을 올리기 전의 단촛밥을 의미하기 때문이다. 우리가 스테이크를 고기구이라고 부르지 않는 것처럼 말이다.

일본에서 민물고기를 절여 먹기 위해 스시가 생겨났다고 하는데, 정확한 연유를 알기는 어렵다. 대부분의 요리들은 학문처럼 정리되어 전해지는 것이 아니라 어머니에게서 딸로, 전문 주방장에게서 견습들에게 알음알음 전해졌기 때문이다. 또한, 지금 우리가 스시라고 부르는 음식과 옛날 것과는 매우 다르다.

예를 들면 스시의 대표적인 생선인 참치는 현대에 들어와서 스시의 재료로 사용되었다. 육지와 가까운 연근해에서 쉽게 잡을 수 있는 생선이 아니었기 때문에 냉동고를 탑재한 원양어선이 보급된 이후에야 쉽게 접할 수 있게 된다. 우리나라의 첫 참치잡이 어선인 지남(남쪽을 지향한다는 뜻)호가 1957년 처음 출항해 이때 잡은 청새치 한 마리를 이승만 대통령에게 선물했을 정도다.

한편, 미국에서 현대식 스시 가게가 어떻게 번창하게 됐는지는 살펴보도록 하자. 한국전쟁 이후 우리나라가 복구사업에 한창일 때 일본은 전쟁물자를 생산해서 판매하고 있었고, 그 덕분에 1960년 대부터 경제 호황을 누리게 되었다. 일본은 제2차 세계대전에서 패했으나, 한국전쟁에서 군수 보급품을 생산한 노하우로 여러 분야에서 세계 최고 품질의 제품들을 만들어낼 수 있었다. 이때 일본의 상사맨들은 세계 전역으로 나가 바이어들을 찾아 나섰다. 주재원들이 해외로 나가게 되면 자연스럽게 고향의 음식을 찾게 되는데 로스앤젤레스의 '리틀 도쿄'에도 스시 가게가 하나둘씩 생겨나기 시작했다. 스시는 이미 미국에 정착한 중국계와 우리 교민들의 입맛을 사로잡았으며 미국 사회에 급격히 퍼져나갔다.

이때 스시 체인 '노부(대표 마쓰히사 노부유키)'가 해외로 진출하기 시작했는데, 이 스시 프랜차이즈를 얻기 위해 수많은 사람들이 몰려들었고, 스시 쉐프가 부족해 대대적인 구인광고가 나기도 했다. 이렇게 스시는 1970년대부터 미국 전역으로 퍼져 나갔고 일본의 경제 발전과 더불어 고급 음식이라는 인식이 사람들 사이에 깔리게 되었다. 오래전 미국 아이들은 자신의 생일에 스시 가게에서 캘리포니아롤을 실컷 먹는 것이 소원이라고 이야기하는 경우도 많았다.

그리 오래전의 일도 아니다. 2019년에 발생한 반도체 제조 소부장에 관한 일본에 대한 일방적인 대 한국 수출 통제가 있었다. 멀리 미국에 있는 나와는 별 상관없을 줄로만 알았던 한국과 일본의 불편한 관계 때문에 나도 곤욕을 치른 적이 있었다. 해외에 주재원으로 파견 나와 있는 한국 공무원 사회에서는 공식 행사에서 스시를 꺼리는 상황이 벌어진 것이다. 한 번은 한국에서 파견 나온 모 공공기관에서 외빈 접대 행사에 사용할 스시를 주문해놓고 행사 며칠 전에 일방적으로 취소 통보를 해왔다. 나는 기가 막혔다.

"미국과 껄끄러운 관계라면 햄버거나 피자가 안 되고, 중국과 사이가 틀어지면 짜장면도 안 먹어야 하는 겁니까?"

내 물음에 담당자분께서는 아무런 말씀을 못 하시고는 그냥 미안하다고만 하셨다. 물론 나는 그 실무자의 마음을 충분히 이해한다. 하지만 일본의 그러한 조치에 재외동포가 운영하는 일식당마저 이용하지 않는 것은 애먼 곳에서 화풀이하는 것으로밖에 보이지 않는다. 덕분에 나는 오랜 단골을 잃었으며 그곳에서 일하시는 분들도 우리 가게에서 한동안 뵙지를 못했다.

오늘날 스시는 글로벌 음식이며 문화로 자리를 잡았다. 전 세계 어느 곳을 가더라도 일식당을 쉽게 찾아볼 수 있다. 우리의 백반 격에 해당하는 일본의 백반인 와쇼쿠는 십여 년 전에 우리나라의 김치와 함께 세계 무형문화유산에 올랐다. 쌀밥에 일본 지역의 해산물과 채소, 버섯, 메로구이(메로가마) 한 점이 올라오는데 솔직히 매우 평범한 음식이다. 미국에서는 날생선인 사시미를 먹으며 스시를 먹을 줄 아는 백인들을 수준 높은 상류 사회 사람으로 인식한다. 아시아의 음식과 문화를 잘 아는 것으로 취급되기 때문이다.

스시는 미국에서 가장 널리 보급된 캘리포니아에서 한 번 더 발전한다. 초밥을 깐 김에 아보카도와 게살 샐러드를 속에 넣어 캘리포니아롤을 탄생시켰다. 또한, 데리야끼 소스에 구운 민물장어를 아보카도와 함께 롤 위에 올린 드래곤롤, 흰살생선과 붉은살생선을 교차로 롤 위에 올려 알록달록하게 만든 레인보우롤 등 50년 전에는 전혀 상상하지 못했던 음식들이 탄생한 것이다.

캘리포니아롤을 비롯한 롤(Roll)은 미국에 사는 한국 스시 쉐프가 만들기 시작했다는 설도 있다. 일본인들은 자신들의 전통을 중요시하므로 롤이라고 불리는 퓨전 마끼를 만들지 않는다고 한다. 마끼라 함은 김 안에 참치나 연어 등 한가지의 재료를 초밥과 함께 만 것을 이야기한다. 간혹 후토마끼처럼 갖가지 채소나 계란 등을 김에 말아서 만든 우리나라의 김밥과도 같은 스시도 있지만 딱 거기까지다. 이 이야기는 예전의 일본인 동료 쉐프에게 들은 것이다. 우리는 일본의 장인 정신과 한국인들의 기발한 응용력에 대해 한동안 떠들어댔다.

미국 캘리포니아에서 레스토랑을 소유한 한인 중 스시 레스토랑을 소유한 사람의 비중이 50% 이상이라는 통계가 있다. 칼을 쓰는 솜씨나 이해도 면에서는 한국 쉐프가 최고라고 볼 수 있다. 한 일본인 동료는 스시에 이것저것 소스를 뿌려 올려도 보고 고추장을 이용해 일본식 참치 타타키를 만드는 나를 향해 "분명 캘리포니아롤을 만든 사람은 아이크 너 같은 사람이었을 거"라고 하기도 했다.

사설이 길었지만, 내 이름을 내세운 Ike's Japanese Kitchen의 궁극적인 목적은 한식의 세계화이며 내가 만든 소스를 마켓에 팔아 상용화하는 것이다. 일식당을 운영하면서 어떻게 한식의 세계화를 이루겠냐는 질문에 대한 답은 우리 식당의 메뉴를 보면 알 수 있을 것이다. 샌프란시스코에서 일하는 직장인들이나 관광객들을 대상으로 일식을 베이스로 천천히 한국식 소스에 물들인 후 단골손님들에게는 내가 자신 있어 하는 한국 음식을 대접하는 것이다.

요즘엔 K-팝, K-컬쳐와 같이 한국 음식의 인기 또한 뜨겁다. 심지어 샌프란시스코의 중식당이나 일식당 메뉴에서 갈비와 비빔밥을 발견하는 것은 더 이상 이색적인 경험이 아니게 되었다. 또한, 태국식당에서는 브런치와 함께 한국식 돌솥 비빔밥을 팔기도 한다. 나도 지금 준비하고 있는 프로젝트가 있는데 이 책이 출판되었을 때쯤에는 아마도 상호가 바뀌었을지도 모르겠다.

4. 코시국에
　 식당 비즈니스로 살아남기

　내가 샌프란시스코 시청에서 세 블록 떨어진 곳에 가게를 오픈한 지 어느덧 7년이라는 시간이 흘러가고 있다. 대략 오십 미터 조금 넘는 거리다. 처음 가게를 열었을 때만 해도 내 가게 Ike's Japanese Kitchen은 주변에 자리한 시청과 정부 기관 임직원들의 점심 예약으로 인해 눈코 뜰 새가 없었다.

　아침 일찍 가게에 나와 밤늦게 퇴근하는 것이 일상이 되어버린 나는 결국 가게 근처로 이사를 오게 되었다. 5분 거리에서 모든 상황에 유연하게 대처할 수 있어서 좋았다. 나날이 매상이 좋아지며 나는 다음 사업 구상에 온 정신을 쏟고 있었다. 그렇게 겨울이 가고 훈훈한 봄의 기운이 물씬 풍겨오던 2020년, 우리는 누구도 예상하지 못했던 불청객을 맞이하게 되었다. 1월 말부터 가끔 들리던 중국에서 퍼지기 시작한 코로나바이러스 소식들. 얼마 후 사태는 걷잡을 수 없이 번지기 시작했고 비상사태가 선포되었다. 그리고 우리에게 들어왔던 주문들이 하나둘씩 취소가 되거나 기약 없이 미루어졌다.

　2020년 3월 어느 화창한 봄날에 샌프란시스코시 정부에서 발표한 포고문은 내 인생을 송두리째 바꿔놨다. 처음에는 그저 2주가량 가게 문을 닫는 것으로 시작했다. 갑작스런 조치에 준비해둔 상당량의 생선들과 채소들을 주변 지인들에게 나눠주었다. 어차피 2주 동안 영업을 할 수 없으니 말이다. 그렇게 직원들에게도 2주 동안 잘 쉬다가 오도록 얘기가 끝나고 가게 문을 닫았다. 그리고 돌아간 집에서 TV 뉴스를 보게 되었다. 방송에서 나오는 소식들은 어디 어디에서 확진자가 나오고 있고 퍼지는 속도가 너무 빠르다. 백신이 존재하지 않으니 최대한 바이러스에 노출되면 안 된다는 등 안 좋은 소식들밖에 없었다.

그렇게 열흘이 지났다. 정부에서 새로운 발표가 나왔다. 사람이 사는 데 꼭 필요한 가게들(마트, 식당, 철물점, 은행 등)은 한시적으로 문을 열 수 있다는 것이었다. 문을 열기는 하되 홀에 손님들을 받을 수는 없었다. 그리고 일하는 내내 마스크를 꼭 써야 하고 손 세정제를 반드시 구비해야 된다는 지침이 내려왔다.

다행히 열흘 동안 쉬면서 집안을 정리하다가 우연히 마스크 한 박스를 발견했다. 가게 리모델링 중에 사용하다 남은 분진 마스크였다. 당시 시중에서 마스크를 구하긴 하늘의 별 따기였는데 운이 좋았다. 이제 세정제를 구하기 위해 온라인을 뒤지기 시작했다. 그때는 팬데믹 초반이라 그런지 세정제의 물량이 조금 남아 있어서 어렵지 않게 구매할 수 있었다. 나는 혼자 가게로 먼저 나가 청소를 하며 오픈 준비를 했다.

그렇게 거의 열흘을 쉬고 가게를 열었는데 가게를 열자마자 주문이 밀려 들어왔다. 손님들의 전화로 인해 도저히 나 혼자서 일을 할 수가 없었다. 그래서 가까운 곳에 사는 직원을 불러 다시 일을 시작했다. 음식을 포장 주문하는 손님들은 내게 다시 가게 문을 열어줘서 고맙다며 응원 메시지를 전해주었다. 음식이 너무 늦게 나와도 전부 이해를 해주었다.

처음 몇 주간은 또 정신없이 일만 했다. 그렇게 주문이 밀려들었지만 가게 앞으로 나가는 고정비는 여전했다. 우선 임대료가 가장 많은 비중을 차지했으며 그다음이 인건비였다. 우리 가게의 주력인 케이터링을 하지 못하게 된 것이 너무나도 큰 타격이었다. 심지어 미리 받아놓은 계약금을 손님들에게 돌려주어야 하는 상황까지 온 것이다.

그리고 또 하나의 복병이 숨어 있었는데 그건 바로 배달 업체들에게 우리가 지급해야 하는 수수료이다. 미국은 배달 업체들의 건당 수수료가 따로 있는 게 아니라, 매출의 25~30% 정도의 수수료를 챙겨가는 방식이다. 이는 너무나 부당한 것으로 음식 하나 팔고 10~15% 정도의 수익을 남기는 우리에겐 청천벽력이나 다름이 없었다.

그렇게 가게 문을 다시 열고 우리 가게는 적자의 늪에 빠져버렸다. 어떻게든 비용을 줄이기 위해 온갖 노력을 쏟아보았으나 이

건 마치 밑 빠진 독에 물 붓기나 다름이 없었다. 그렇게 심각하게 은행에서 대출을 알아보고 있던 그때, 정부에서 'PPP(Paycheck Protection Program)'라는 대출 프로그램을 발표했다.

우리 가게는 홀을 사용하지 못하게 되고 매상이 줄면서 코로나 전과 비교해 직원을 완전히 고용하지 못하고 있었다. 우리뿐만 아니라 미국 전역에서 이런 상황이 발생했을 테니 실업자 수가 폭증했을 거라는 예상은 당연하였다. 이 때문에 어쩔 수 없이 실업자가 된 직원들 대상으로 정부에서 급여를 지원해줄 테니 직장에서 고용을 유지해 달라는 게 해당 프로그램의 취지였다.

나도 1, 2차에 걸쳐 PPP를 받아 가게를 운영하는 데 사용을 했다. 이 대출 프로그램에는 한 가지 특이한 점이 있는데 PPP 대출을 받은 후 몇 가지 자격 심사를 통과하면 대출을 탕감시켜 주었다는 것이다. 물론 대출을 어디에 사용했는지에 대해 꼼꼼히 기록하고 보고를 해야 하며 지정된 용도 외로 자금이 사용되면 대출 탕감을 받을 수가 없었다. 나는 다행히도 무사히 탕감받을 수 있었다.

그렇게 미국 정부에서는 팬데믹 동안 미국 산업의 40% ,고용의 60%를 책임지고 있는 서비스 산업을 지키기 위해 안간힘을 썼다. 덕분에 나도 힘들었던 팬데믹의 암흑기를 거쳐 지금까지 살아남아 있는 것이다. 물론 아직도 팬데믹 전에 비해 매상은 30~40% 가까이 줄었지만 그래도 완전히 망하는 것에 비해서는 백배 천배 낫다.

5. 숫자 '1'의 달라진 의미

 이제껏 누군가 만들어주고 차려주는 요리를 먹는 데만 익숙했던 대다수의 한국 남성들도 자신이 직접 요리할 줄 알아야 하는 시대가 찾아왔다. 바야흐로 1인 시대가 다가왔기 때문이다. 요즘 우리가 흔히 볼 수 있는 '1'이라는 숫자의 의미는 예전과는 좀 다르다. 예전에는 1등, 1류, 1순위 등 '정상', '최고'라는 의미로 써지던 숫자가 이제는 1인 미디어, 1인 가구, 혼(1)술족 등 '하나'를 나타내는 의미가 되어가고 있다.

 이제 우리는 1의 의미를 다시 정의해야만 하는 시대에 살고 있다. 왜 지금 우리 세대에서 1이라는 숫자가 최고에서 외로운 것으로, 외로운 것 같지만 정말 외롭지는 않은 중의적인 의미가 되었는지를 살펴보아야 한다.

 나는 저명한 사회학자가 아니다. 그래서 연구자들처럼 명확하게 이론적으로 설명할 수는 없다. 내가 1이라는 숫자에 대해 새로운 생각을 가지기 시작한 것은 얼마 되지 않았다.

 외식 마케팅을 위해서 자료를 조사하던 중 한 프로모션을 기획하다가 정해진 시간에 가게에 맨 처음 '첫 번째'로 '혼자' 오는 손님에게 스페셜 메뉴를 공짜로 제공하면 좋겠다는 생각이 들었다. 그러다가 숫자 1에 꽂히게 돼버린 것이다. 누군가에게는 마케팅으로 사용하기 좋은 숫자의 의미로, 또 다른 누군가에게는 홀로라는 외로움의 의미로 다가올 수도 있는 중의적인 1의 매력에 빠졌다.

> "혼자는 편하기도 하고 외롭기도 하다. 그런데 '외롭다'는 말은 또 '고독하다'와는 다소 다르다. 하지만 나는 혼자는 고독하다고 생각한다." – Ike의 뜬금철학

우리나라에도 혼밥을 하는 사람들이 부쩍 많아졌다. 아직 미국이나 일본 수준은 아닌 것 같지만 말이다. '리틀 매드 피쉬(Little Mad Fish)'라는 다소 엉뚱한(?) 이름의 퓨전 일식당에서 헤드 쉐프를 할 때였다. 미국 레스토랑에서는 보통 점심과 저녁을 포함해 온종일 장사를 하는 일반 식당은 보통 점심과 저녁 사이에 1~2시간 정도 쉬는 시간이 있다. (물론 그 쉬는 시간은 급여에서 제외한다.) 쉬는 시간에는 레스토랑 문을 닫기 때문에 직원들이 굳이 레스토랑 안에 남아 있을 필요도 없다.

쉬는 시간이면 같이 일하는 동료들은 대부분 휴게실 한 켠이나 홀 구석에서 의자를 붙이고 누워 반나절 동안 서서 일하느라 고생한 다리를 달래곤 했다. 나는 주차장에 있는 내 차 안에서 쉬고는 했다. 차 안은 완벽한 나 혼자만의 공간이었다. 스피커에서 흘러나

오는 조지 윈스턴의 잔잔한 뉴에이지 음악을 듣거나 한국에서 가지고 온 다이나믹 듀오의 노래를 곧잘 듣곤 했다. 그리곤 문득 떠오르는 영감이라도 있으면 생각나는 대로 작은 수첩에 메모했다.

'왜 이 메뉴는 잘 안 나가지? 맛은 좋은데… 플레이팅이 약한가?'
'대충 만든 이 메뉴는 신기하게 잘 나가네.'
'새로운 소스를 만들어봐야지.'
'다음 휴가에는 어디를 가볼까?'

10년도 더 된 '둘리'라는 애칭의 내 인생 첫차 도요타 캠리 안에서 하루 두 시간씩, 즐거운 나만의 시간은 몇 년간 계속되었다. 어느 날 문득 '전동 시트 등받이가 있었으면 더 좋겠다!'라는 건설적인(?) 생각을 하다가도, '이렇게 내 공간이 있다는 게 어디야?' 하며 시트에 반쯤 누워 내가 끄적인 노트를 보면서 먼 훗날의 내 모습을 상상하곤 했다. 38도를 넘나드는 캘리포니아의 뜨거운 땡볕 아래, 차 속 시원한 에어컨 바람을 쐬고 즐거운 상상을 할 때면 '이곳이 무릉도원인가?'라는 생각이 절로 들었다. 이 책의 원고의 대부분도 거기서 나왔다.

요즘에는 이렇게 혼자 있는 시간을 잘 즐기는 것이 중요하다는 생각이 든다. 어떻게 보면 내 시간을 허투루 쓰지 않고 있다는 생각이 들기 때문이다. 의외로 혼자 있는 시간을 잘 보내는 사람이 흔치 않다. 혼자 있을라치면 스마트폰을 켜고 유튜브에 나오는 말초신경을 자극하는 동영상들을 보거나 SNS를 하는 경우가 대부분이다. 이것들만 해도 하루 밤낮이 순식간에 바뀌는 것을 종종 보게 된다. 나는 현대인들이 혼자 있는 시간을 잘 지내는 것에 대해서 진지하게 고민해봐야 한다고 생각한다.

가끔 식당에 혼자 오는 사람들이 있는데 그들을 잘 관찰해보면 그 손님에 대해서 제법 많은 것을 알게 된다. 특히 우리 가게는 예약제가 아니기 때문에 워크인 손님들이 대부분이다. 그들의 행색과 행동을 보면 출장 혹은 여행을 온 사람인지, 현지인인지 대충 감이 온다. 나는 혼자 출장을 온 손님을 보통 Sushi bar에 앉힌다. 그리고 간단한 대화와 함께 이런저런 음식들을 추천해주곤 한다. 그러면 낯선 곳으로 출장을 와서 처음 가보는 식당으로 들어와 '여기 음식이 맛없으면 어떡하지'하고 고민하던 손님이 순간적으로 안도하는 것을 느낄 수 있다.

한 번은 우리 가게에 색소폰 연주자 '케니 지(Kenny G)'가 찾아왔다. 그는 평범한 검정과 노란색이 섞인 체크무늬 점퍼를 입고 우리 가게의 문을 열고 들어오고 있었다. 마치 스프링처럼 꼬불꼬불한 헤어스타일이 너무 독특했다. 혼자 들어온 그에게 나는 Bar에 앉을 것을 추천했다. 그는 웃으며 내 앞에 앉아 스시를 주문했다. 우리 가게 음식이 맛있느냐는 물음에 나는 물론 맛있다며 나를 한 번 믿어보라고 했다.

피곤해 보이는 그와 이런저런 이야기를 나누는데 갑자기 주변이 소란스러워졌다. 사람들이 그를 알아보고 옆으로 붙어 사진을 찍고 있었다. 그때까지도 나는 그를 알아보지 못했다. 나는 그저 정성스레 음식을 만들었고 그는 그렇게 내가 만든 초밥을 세상에서 가장 맛있게 먹었다. 그리고 임시손가락을 치켜들었다. 최고의 음악가가 선사하는 1의 의미는 내게 남달랐다. 시선들이 따가웠는지 감사하다는 인사와 함께 그는 서둘러 자리를 떴다. 한 번쯤은 그를 다시 보고 싶다.

6. 쉐프들의 고질적인
　　직업병에 걸리다

　　일반인들은 '쉐프'라고 하면 매 끼니를 잘 먹을 것 같다고들 생각한다. 하지만 이 업계에 오래 있다 보니 느끼는 거지만 오히려 그 반대인 경우가 많다. 1999년 호텔조리과에 입학하고 정식으로 요리를 시작한 것이 2004년이니 내 경력도 벌써 20여 년이 되어간다. 정신없이 일에만 치이다 보니 바쁘면 끼니를 거르기 일쑤였다. 정 배가 고프면 장국에 밥을 말아 후루룩 마시는 것이 내 끼니의 전부였다.

　　고객의 식단은 탄수화물, 단백질, 지방을 조화롭게 구성하여 내놓고는 정작 나 자신에겐 바쁘다는 핑계로 소홀하다 보니 자연스레 몸에 적신호가 찾아왔다. 가끔 뉴스에 나오는 40대의 과로사와 돌연사, 심근경색이 남의 일 같지 않아졌다. 안타깝게도 나빠진 자신의 건강 이상 신호를 감지하지 못하는 청, 장년층이 많은 것도 사실이다. 신호등처럼 녹색에서 황색 그리고 적색으로 바뀌는 과정이 있었다면 내가 쉽게 눈치를 챌 수 있지 않았을까 하는 쓸데없는 생각도 해보았다.

　　2023년 2월 초 어느 날이었다. 올해는 하늘에 구멍이라도 뚫린 것처럼 샌프란시스코에는 정말 비가 많이 왔다. 한 달 반 가까이 매일 같이 쏟아붓는 장대비 덕분에 몇 년간 가뭄 때문에 피해가 컸던 캘리포니아에 홍수를 걱정하는 뉴스가 연일 보도되고 있었다.

마른 장작은 살짝 건드려도 불이 확 붙은 것 같은 산불로 유명한 캘리포니아의 세쿼이아 나무들이 때를 만난 듯 하늘에서 내려오는 빗물을 계속 빨아들이고 있다. 이미 5년 동안 이어졌던 최악의 가뭄이 80% 수준까지 해갈되었다고 한다.

어느 비 오는 늦은 수요일 밤, 유독 힘들었던 그 날, 일을 마치고 숨 막히는 교통체증을 뚫고 저녁 늦게 집으로 돌아왔다. 집에 도착해서 씻고 한숨 돌리는데 저녁을 못 먹고 일을 해서 그런지 허기가 강하게 느껴졌다. 밥을 먹을까 아니면 시원한 맥주에 주전부리로 끼니를 때울까 고민을 하다가 찬장에 있는 레토르트 음식이 눈에 들어왔다. 전자레인지에 돌려먹는 아주 간편한, 먹는 즐거움보단 몸에 연료를 채워주는 느낌이 강한 외식 산업 종사자들의 영원한 친구 말이다.

전자레인지가 돌아가는 동안 잠깐의 망상에 빠진 사이 어느덧 3분이 지났다. 뜨거운 포장 용기를 열어 음식을 그릇에 담아 시원한 맥주와 함께 흡입하다시피 먹었다. 그러나 잠시 후 갑자기 등 뒤에 훅 하고 통증이 느껴졌다. 처음에는 장시간 서서 일한 후에 한 시간가량 운전해서 등에 담이 걸렸나 보다 생각했다. 날씨도 춥고 몸도

추워져서 근육이 경직되기 좋은 환경이었기 때문이다. 좀 쉬면 나아지겠지 하는 생각에 몸을 좀 풀어주고 있는데 통증은 나아질 기미가 보이지 않으며 점점 심해졌다.

나는 순간 당황했다. 미국에서 중산층이 파산하는 이유 1위가 바로 의료비 때문이다. 그래서 미국 사람들은 아무리 아파도 집에서 타이레놀, 이부프로펜 같은 진통제를 먹으면서 버틴다. 그래서 미국은 진통제 산업이 상상 이상으로 발달했으며 마약성 진통제인 펜타닐 중독이 사회적으로 큰 이슈가 되는 것이다.

순간 의료비 걱정을 하던 나는 지금 이것저것 따질 때가 아니라는 것을 본능적으로 느꼈다. 걱정하는 아내에게 애들 잘 재우고 있으라 하고 나 혼자 응급실로 운전해서 갔다. 그렇게 응급실에서 3시간에 걸쳐 채혈, 소변검사, X-Ray, CT 등을 찍고 많은 검사를 진행했다. 그러나 나온 결과는 원인 불명. 마약성 진통제 옥시코돈 1주일 치와 리도카인 부분 마취용 패치를 처방해주곤 집에 가라고 했다.

그렇게 자정이 넘어 집으로 와서 걱정하는 아내를 달래주고 잠을 청했다. 다행히도 아침에는 통증이 많이 가라앉아 있었지만, 오른쪽 복부 아래가 은은히 아파져 왔다. 주치의에게 연락하여 재검을 요청했다.

그렇게 2주가 흐른 뒤 주치의 검진 날. 내 주치의는 차트를 이리저리 보면서 내 평소 생활 습관과 주량 가족력 등을 꼼꼼히 물었다. 잠시 후 나에게 그냥 별일은 아닌 거 같다고 좀 쉬면 될 것이라고 했다. 나는 아직도 통증이 있으며 온종일 신경이 쓰여 일하는 데 지장이 많다고 이야기했다. 그러나 내 주치의는 2주 뒤까지 계속 아프면 다시 약속 잡고 오라고 하고는 나에게 축객령을 내렸다. 사람이 계속 아프다는데 별일 없다는 의사. 미국 병원에 불신이 드는 순간이었다. 갑작스러운 통증으로 인해 응급실도 가보고 주치의도 만나 봤건만 나는 의사에게서 아무런 병증을 듣지 못했다.

결국 나는 한국에서 개인 병원을 하시는 아내의 이모부님께 연락을 드렸다. 그리고 사정을 설명하니 미국 병원에서 받은 Medical Report를 보내달라고 하셨다. 이모부님께서 검진 기록을 보시더니 내 주치의가 진짜 아무 말이 없었느냐며 진지하게 물으셨다. 나는 순간 내 심장이 덜컥 내려앉는 줄 알았다. 왜 그러시냐고 혹시 심각한 거냐고 나에게 자세히 설명 좀 해달라고 부탁드렸다. 내가 보내준 차트를 보니 간 수치가 정상인보다 몇 배가 높다며 간에 문제가 생긴 것 같다고 하셨다. 이모부님께서 자세한 건 검사를 해봐야 하니 나에게 바로 한국에 들어오라고 하셨다.

나는 그날 바로 비행기 표를 끊고 한국으로 들어가 검진받았다. 결과는 충격적이었다. 겉만 멀쩡했던 내 몸은 이미 속이 망가져 내게 이상 신호를 보내고 있었던 것이다.

쉐프의 사명은 질 좋은 식재료를 요리해 합리적인 가격의 음식을 손님들에게 제공하는 것이다. 나는 그렇게 믿고 24년 동안 쉐프의 길을 걸었다. 나와 같은 많은 쉐프들은 당연하게도 우리들의 손님들에게 끼니때마다 정성스런 음식을 대접하기 위하여 우리들의 끼니는 거르거나 제때에 챙기지 못하는 것이 일상이 되었다.

이렇게 주방 일을 오래 하다 보면 식사가 불규칙해지는 것은 당연하게 되며 바깥세상이 어떻게 바뀌는지도 모른다. 또 온종일 전쟁 같은 주방의 고된 일과를 끝내고 난 후에는 음주와 고칼로리 안주로 우리에게 부족한 연료를 채워 넣는다. 이런 게 쉐프들의 숙명이라고 생각하고 내가 너무 무심하게 지냈는지 내 몸은 결국 파업하고 말았다.

우선 내 몸에 이상이 생긴 것은 확실했기 때문에 나는 내가 할 수 있는 방법을 찾아야 했다. 의사 선생님께서는 급격하게 늘어난 내 체중과 혈압약 복용 직전까지 간 내 몸을 보시곤 다이어트를 하라고 말씀하셨다. '다이어트를 권장'이 아니라 앞에 '살려면'이라는 목적어가 빠져있었다. 다이어트가 처방이라니… 나는 순간 그동안 몸 관리를 도외시하고 폭식과 음주를 일삼았던 지난날들을 반성했다.

우리 주변에는 정말 많은 다이어트 방법이 있다. 두부 다이어트, 계란 다이어트 같은 단일 음식 다이어트들부터 헬스장 같은 곳에서 운동으로 하는 다이어트 등 말이다. 물론 나도 몇 번에 걸쳐 다이어트를 시도했었다. 하지만 결국엔 다이어트 후 찾아오는 요요현상에 매번 실패를 거듭하며 몸은 점점 더 살찌기 쉬운 체질로 변해갔다. 그리고 미국 생활로 인한 고칼로리 음식의 섭취와 집 앞에서 가게 주차장까지 스무 걸음도 안 걷게 되는 출퇴근 동선 등 환경적인 요인도 무시할 수가 없었다.

손님들에게는 항상 훌륭한 식재료를 사용해 영양 균형을 맞추며 온갖 기교와 플레이팅으로 눈과 코 그리고 혀끝을 만족시키는 음식을 제공하지만 정작 나는 음식으로 인해 아프다니. 이건 정말 아이러니가 아닐 수 없으며 우리 쉐프들의 직업병인 듯싶다.

7. 간헐적 단식에 들어서다

살 빼는 사람들에게 간헐적 단식이라는 말은 그다지 낯선 방법은 아니다. 2000년대 들어 갑자기 유행하기 시작해서 많은 사람이 간헐적 단식을 시도했었다. 그리고 그 호기로운 도전들은 현대인에게 익숙하지 않은 허기짐과 야식 또는 음주의 유혹으로 실패하는 경우가 많았다. 이것도 일종의 기술 발달의 폐해(?)일 수도 있겠다. 24시간 언제든지 간편하게 스마트폰 앱으로 어떤 음식이든 시켜 먹을 수 있기 때문이다. 배달 음식과 야식은 다이어트와 같이 공존하기 힘든 물과 불의 관계이다. 그런데도 나는 이런 불편하고 위험한(?) 다이어트 방법을 시작했다. 바로 내 건강을 위해서다. 팬데믹으로 인해 너무 많이 불어난 내 몸무게 때문에 몸 곳곳에서 이상 신호를 보내기 시작했기 때문이다. 살다 보면 몸무게는 계속 늘었다 줄기를 반복한다. 하지만 팬데믹으로 인해 집에 있는 시간이 길어지고 또한 움직임이 줄어드니 살이 찌기 시작했다.

그리고 그렇게 3년이 지나고 나니 나에게 위기가 찾아왔다. 그렇게 생전 처음 응급실을 가봤었다. 의사 선생님께서는 나에게 강력하게 다이어트를 권하셨다. 지금 몸 상태가 말이 아니라고. 그렇게 나는 다이어트를 시작하게 되었다. 이렇게 다이어트를 시작하기 전

나는 준비 과정을 거쳤다. 나는 여러 다이어트 관련 콘텐츠를 미디어와 책들을 검색해서 보고 읽었다. 그리고 나에게 맞는 다이어트 방법의 하나를 택해서 시작했다. 바로 간헐적 단식이다.

40대 초반이 나에게 다이어트를 위하여 운동량을 늘리는 것은 정말 큰 노력과 스트레스를 동반하는 것이었다. 변명이지만 그래서 선뜻 시작하지 못했던 이유도 있다. 그리고 사업 특성상(출장 뷔페) 손님들에게 밤낮을 가리지 않고 문의 연락이 자주 오는데 운동 중에 전화를 받으며 견적이나 안내를 하는 것은 거의 불가능에 가까웠다. 그런데 다이어트를 위해서 먹고 싶은 것을 다 먹으며 공복 시간만 유지하면 된다는 것은 나에게 '어? 이건 좀 가능하겠는데?'라는 생각을 가지게 했다. 어차피 일 때문에 끼니를 꼭꼭 챙기기 어려웠으니 그 시간만 조절하면 될 것이라 쉽게 생각했기 때문이다.

하지만 이것은 나의 오판이었다. 먹을 것을 다 먹고 공복 시간만 지키면 된다는 콘셉트가 나에게 안 맞았다. 다른 사람들은 좋은 결과를 봤다는데 나에겐 그다지 효과가 없어서 다시 다이어트 방법을 조사했다. 그 결과 드디어 나에게 맞는 다이어트법을 찾았다. 바로 다이어트 과학자 최겸 님의 콘텐츠였다.

간헐적 단식의 한 종류가 맞지만 거기서 지켜야 할 유의사항에 대해서 굉장히 자세하게 다뤘다. 우선 먹지 말아야 할 음식과 식재료들인데 대표적으로 밀가루, 설탕, 튀김 그리고 나쁜 기름이다. 이것들만 끊어도 효과를 보는데 커피까지 끊으면 더 좋은 효과를 거둘 수가 있다. 카페인 섭취를 끊거나 줄여 우리 몸에 숙면을 유도하는 것이다. "잠이 보약이다"라는 말이 괜히 나온 것은 아닌 듯하다.

그렇게 나에게 맞는 다이어트 법을 찾아 시작한 후 2주일이 지나서부터 효과를 볼 수 있었다. 우선 너무 늘어난 몸무게를 줄이는 것에 집중하고 운동은 관절에 무리가 가지 않는 선까지 몸무게를 줄인 후에 시작하기로 정했다.

처음에는 하루에 1리터 이상씩 마시던 커피를 끊는 것부터 시작했다. 그 좋아하던 커피를 내가 다이어트에 성공할 때까지만 잠깐의 이별이라 위로하면서 말이다. 아침 출근 전 에스프레소 머신에서 커피를 내려 텀블러에 담아 차를 타고 집을 나서는 것부터 시작했던 내 일상에 정말 많은 변화가 생겼다. 우선 정기적으로 한 달에 한 봉씩 집으로 배달해 먹던 커피 원두 주문을 취소했다. 그리고 아직 남은 여행하면서 모은 각종 원두와 선물 받은 커피들은 주변 지인들에게 선물했다.

누구보다 커피를 좋아하던 내가 희귀한 커피콩들을 선물하며 앞으로 커피를 끊겠다고 말하자 지인들이 많이 놀라곤 했다. 하지만 건강을 위해 다이어트를 시작했다는 말을 듣고는 오히려 응원을 보내주었다. 커피를 한 번에 끊는 방법보다 조금씩 줄이는 법을 택했는데 별로 효과가 없었다. 그래서 눈 딱 감고 커피를 끊었다. 그렇게 커피를 끊고 한동안 두통에 시달렸다. 카페인에 중독된 몸을 스스로 치유하기 시작했다는 신호라고 한다. 그리고 어느 순간 거짓말처럼 두통이 사라졌다. 그 후 나는 얼마 만인지 모르게 푹 잠을 잘 수 있었다. 말 그대로 '푹'이다. 밤에 눈을 감았는데 눈뜨면 어느새 아침이였다. 평상시에는 안두 번씩 잠에서 깨거나 아침에 일어나도 몸이 개운하지가 않았는데 커피를 끊고 두통이 사라진 후의 아침에 저절로 내 몸이 가벼워진 것이 느껴졌다.

그렇게 내 인생 최대를 찍었던 몸무게는 운동도 하지 않았는데 줄기 시작했다. 물론 커피만 끊은 것이 아니라 앞서 얘기한 몸에 안 좋은 식품들을 멀리하면서 말이다. 이 다이어트 방식을 따라 하면서 느꼈던 나에게 그나마 다행인 점은 내가 쉐프라는 것이었다.

나는 몸에 좋지 않은 식재료들을 최대한 안 쓰면서도 내 몸에 좋은 건강한 식단을 만들 수 있었다. "궁하면 통한다"고 했던 옛 성현의 말씀처럼 진짜 맛을 아는데 재료들 때문에 못 먹었던 많은 음식을 최대한 개량하고 대체 재료를 써서 요리해서 먹었다. 나중에는 이 레시피들도 정리하고 좀 더 많은 레시피를 모아 출간을 해보아야겠다.

이렇게 간헐적 단식을 시작하고 좋은 식재료들로 만든 요리를 먹은 결과 3개월 동안 나는 최대 몸무게에서 18kg을 감량했다. 3년 전에 사놓고 입지 못했던 옷들과 그 전에 입었던 옷들을 이제는 다시 입을 수 있게 되었다. 그리고 간 수치도 획기적으로 떨어졌으며 몸에 다시 활력이 도는 것이 느껴졌다. 다시는 그전 몸으로 돌아가지 않으리라는 다짐으로 지금은 몸무게를 유지하려고 노력 중이다.

세상에 나쁜 다이어트법은 없다. 다 본인의 의지 부족과 자신한테 한없이 관대한 그 너그러움으로 인해 야기된 문제일 뿐이다. 다이어트나 건강, 이런 것들을 지키는 게 엄청나게 복잡한 수학이나 물리 문제를 풀어야 하는 것처럼 대단한 것이 아니라는 것을 우리는 잘 알고 있다. 그런데 어떻게든 핑계 만들고 자기에게 좋은 습관이 물들지 않는 쪽으로 유도해 가려고 한다. 나 역시 많은 상황 앞에서 그래 왔었다.

결국은 신호등이 바뀌기 전에 이런 것들을 할 줄 아는 사람이 가장 위대한 사람들이다. 그래도 그다음은 신호등이 바뀌고 있을 때 좋은 습관을 내 것으로 만드는 사람들이다. 내 건강과 다이어트를 위해 바꾼 습관이지만 이번에 나는 나쁜 습관을 좋은 습관으로 바꾸는 것에 조금은 성공한 듯싶다. 물론 자만하지 않고 꾸준히 유지해 나가는 것이 제일 힘든 부분이지만 말이다. 지금 맛본 조금의 성공으로 나도 앞으로 무엇을 향해 나아가야 하는지 조금이나마 알게 된 기분이 든다.

"시작은 미미했으나 끝은 창대하리라."

8. 영양학적으로
　　간헐적 단식은 괜찮은가

벌써 내가 간헐적 단식을 한다는 소문이 나더니 아침 식사 예찬론자가 생겨난다.

> "왜 아침을 Breakfast라고 부르는 줄 아니? 이슬람 국가에서 패스트(fast)는 '단식'을 말하는데 특히 라마단처럼 한 달 내내 일출부터 일몰까지 금식해야 할 때는 패스트가 끝나는 저녁 식사 시간이 가장 행복하지. 이때 금식(fast)을 깬다(break)는 뜻에서 Breakfast인 거야. 그래서 라마단 기간에는 저녁 6시 반쯤 해가 질 때 아침 식사를 한다고들 표현하지." (아침 식사는 하는 게 좋다는 지론을 갖고 있는 친구가 자신의 지식을 뽐냈다.)

물론 뇌의 영양 측면에서 아침 식사는 먹는 게 좋다는 의견이 지배적이다. 특히 수험생들은 아침 식사를 하는 쪽이 더 건강하다고, 아니 더 공부를 잘 할 수 있게 집중력이 높아진다는 연구 결과가 있다. 하지만 나는 수험생이 아니다.

영양이 과잉되어 몸속의 과다한 노폐물들을 잠시 덜어내기 위해 아침 식사를 거르는 사람이 굳이 건강하지 않다고 할 수는 없다. 아침에 물을 마시고 비타민이 풍부한 딸기나 방울토마토 몇 알 먹는 정도까지 포기할 필요는 없다. 비타민이 충분하고 무겁지 않은 과일이나 채소들을 거부할 몸은 없기 때문이다.

다음은 어느 한국계 미국인의 하루 모습이다. 미국과 한국에서 벌어지는 식단이 조금 다를 뿐 읽다 보면 별반 차이가 없다는 게 느껴질 것이다.

† 출근 준비를 한다. 계란 후라이와 베이컨이 구워지고 있으며 식탁에는 시리얼과 우유, 오렌지 주스가 놓여 있다. 아침 식사 후 커피를 마시며 출근한다. 아침에 교통체증이 심해서 회사에 지각할 뻔했으나 무사히 제시간에 도착했다. 다소 출출해 사무실 입구에 놓여 있는 설탕이 코팅된 도넛과 커피를 들고 오전 업무를 마감한다. 그렇게 3시간 후의 점심 시간. 시간이 많지 않아 미리 맥도날드에 빅맥 햄버거 세트를 주문해 먹는다. 오늘따라 감자튀김이 너무 맛있게 느껴진다. 그렇게 오후 5시까지 일하다가 퇴근하고 러시아워를 뚫고 집으로 왔다. 건너편 집의 이웃이 스테이크가 할인하길래 많이 사 왔다며 함께 구워 먹자고 한다. 늦게까지 이야기하며 맥주와 와인을 곁들여 먹고 마셨다. 그리고 다음 날 아침 또 베이컨, 계란, 빵, 커피가 식탁에 오른다.

아마 한국이라면 아침은 거르거나 편의점 삼각김밥으로 때울 것이고 점심은 국밥 종류라든지 찌개 위주의 식사일 것이다. 하지만 미국과 한국의 공통된 사실은 이렇게 삼시 세끼를 전부 챙겨 먹고 중간중간 간식을 먹으면서도 사무실에서 몸을 움직이지 않는 사람들이 대부분이라는 점이다. 물론 제조업에 종사하거나 나처럼 서비스업에 종사하는 분들은 예외로 두자.

내가 해보니 간헐적 단식은 점심 식사를 제외하고 아침 또는 저녁 중 한 끼를 될 수 있으면 거르는 정도로 하는 게 가장 좋았다. 간헐적 단식에서 가장 중요한 단식의 공복 유지 시간은 16:8 또는 18:6의 시간을 지키는 것이다. 16시간의 공복 유지 후 8시간 동안만 음식물 섭취 또는 18시간의 공복 유지 후 6시간 동안만 음식물 섭취. 그리고 되도록 잠들기 5시간 전에는 반드시 식사를 끝내야 한다. 식사한 지 얼마 되지 않았거나 잠들기 바로 직전까지 음식을 먹게 되면 잠이 든 상태에서도 위가 계속 소화 운동을 해서 내 몸이 숙면할 수 없다. 그리고 아침에 일어나 물을 마시고 공복을 유지하면 점심을 잘 먹게 된다. 그리고 바로 이때가 대사 활동으로 인해 몸에 에너지 소모가 가장 많아지게 되고 활동을 많이 하므로 체중이 줄거나 유지하고 건강해지는 것이다.

물론 근육량을 유지하기 위해서 단백질 섭취는 필수다. 보통 본인 체중 1kg에 0.8g을 곱하면 나오는 값으로 단백질을 섭취하면 된다. 여기서 주의할 것은 60g의 단백질을 섭취하라고 해서 60g의 고기만 먹어서는 안 된다는 것이다. 60g의 고기에는 단백질뿐만 아니라 지방, 수분, 핏물 등이 포함되어 있다. 어떤 종류의 음식물을 섭취하느냐에 따라 다르지만, 순수 단백질을 60g 섭취해야 한다는 것을 잊지 말아야 한다.

그리고 건강한 사람이나 단식에 익숙해진 사람들은 다음에 한 달에 한두 번씩 단식을 최소 36시간에서 48시간으로 늘려 진행해본다. 이 시간 동안 내 몸에서는 많은 변화가 생기는 데 우선 몸에 안 좋은 세포들이나 죽은 세포들을 건강한 세포들이 잡아먹거나 몸 밖으로 밀어내는 현상이 벌어진다. 나도 다이어트를 꾸준히 하면서 단식을 몇 번 해보았는데 의외로 할 만했다. 하지만 단식 후 찾아오는 폭식은 꼭 주의하길 바란다. 요요로 인해 몸이 살찌기 더 쉬운 체질로 변할 수도 있다.

9. 커피 한 잔의 역사

"커피 한잔 하시겠어요?"

　남녀 사이에서 이만큼 달콤하고 가슴 설레는 말이 있을까? 인류 역사상 가장 많은 커플의 만남을 탄생시킨 음료를 꼽으라면 단연코 '커피'가 빠질 수 없을 것이다. 지구상의 수많은 커플이 한 잔의 커피가 계기가 돼서 맺어지게 되었다고 해도 억측은 아닐 것이다.

　더구나 우리나라는 한국전쟁 이후 전 세계적으로 커피를 가장 많이 소비하며, '맛있는 커피가 가장 많은' 커피 강국이 되었다. 불과 몇십 년 전까지만 해도 서구 문화나 근대 문물의 상징이었던 동경의 대상 커피가 이제는 한국인의 삶과 분리될 수 없는 기호 식품으로 굳건히 자리를 잡은 것이다. 커피를 식사 후 반드시 마셔야 하는 코스로 만든 것은 스타벅스라는 강력한 카페 브랜드가 일조했다고 본다. 우리나라뿐만 아니라 거의 전 세계의 음료 시장을 장악하고 있는 커피 산업. 그 역사를 살펴보면 우리가 잘 모르던 재미있는 이야기도 있다.

　에티오피아가 원산지로 알려진 커피는 어느 목동에 의해 우연히 발견되었다. 에티오피아는 아프리카에서도 유독 고산 지대가 많아 목축이 가능한 몇 안 되는 국가다. 염소를 키우던 목동은 어떤 나무 열매를 먹기만 하면 흥분하는 염소들로 인해 진땀을 빼게 되었다. 우연히 이 목동의 고민을 들은 이슬람 수도사는 그 목동에게 해결책을 찾아주기 위해 그 나무 열매를 따서 자신이 직접 먹어보게 되었다.

그런데 그 열매를 먹은 후에 그 수도사는 통 잠을 잘 수가 없었다. 처음에는 그저 먹으면 잠을 잘 수 없는 이상한 열매, 그 이상도 그 이하도 아니었다. 하지만 그 열매를 달여 먹으면 잠을 쫓는다는 것을 알게 된 수도사들에 의해 우연히 아라비아반도에 전해진 커피는 이내 신성한 음료가 되었다. 하루에 다섯 번 기도를 올리는 이슬람의 수도사들이 커피를 마시면서 수행에 몰두할 수 있었기 때문이다. 그래서 이들은 커피를 "알라께서 내리신 신성한 음료"라 하며 오로지 남성들만 마실 수 있는 성스러운 음료로 간주하기도 했다. 그러한 커피가 튀르키예까지 전해진 것은 오스만제국이 탄생하면서부터이다.

오스만제국에서 카페가 문을 연 것은 1554년이다. 투르크족이 이스탄불(과거의 콘스탄티노플)을 점령한 지 100년 정도 지난 후였다. 이스탄불의 중심지였던 곳에 커피 하우스라는 뜻의 '카흐베하네(kahvehane)'가 최초로 선을 보였다. 커피와 디저트를 파는 방식도 커피 한 잔과 달콤한 터키식 딜라이트 '로쿰'을 파는 데서 유래했다. 씁쓸한 커피와 달콤한 젤리의 궁합이 너무 잘 맞았기 때문이다.

현재와 마찬가지로 사람들이 한 곳에 약속을 잡아 만나 오랜 시간 부담 없이 대화를 나눌 수 있었던 점에서 이런 커피 하우스는 인기 만점이었고, 매우 실용적인 공간으로 각광을 받았다. 대체로 상인들이 정보를 공유하기 위해 모이는 곳이었으나, 때로는 문학과 정치, 가족 문제까지 토론하며 서로의 의견을 내어 열띤 토론을 하는 사교의 장으로 발전해갔다. 그런데 한때는 사람들이 모여 반정부 토론을 하며 역모를 꾀할지 모른다는 우려에서 강제로 폐쇄당한 적도 있었다.

와인이 프랑스만의 것이 아니듯 커피 또한 터키의 문화로만 한정되지 않았다. 유럽 문화의 상징인 에스프레소, 비엔나커피, 카푸치노 모두 커피가 유럽 대륙에 전해지면서 파생한 문화 상품이다. 카페(카흐베하네)가 유럽에 전해진 것은 오스만제국을 통해서이다. 비엔나커피는 오스만제국의 군대가 빈까지 진출했다가 전쟁에서 패퇴하고 퇴각하면서 놓고 간 커피 원두에서 탄생하게 되었다.

에스프레소 역시 이스탄불을 다녀간 급한 성격의 이탈리아 사람들이 터키 커피를 빠르게 만들어 마시기 위해 기계를 만들어 보급하면서 생겨난 것이다. '터키식 커피'는 밑이 넓고 입구가 좁은 모양의 커피 주전자에 물을 끓인 다음 곱게 간 커피콩과 설탕을 넣고 다시 불에 올려 끓인다. 그리고 식히고 끓이고를 3번에 걸쳐서 하는데 마지막에는 찬물을 조금 넣어 커피 찌꺼기를 가라앉히고 손님에게 작은 잔에 따라 서빙을 한다. (아마도 터키식 커피가 현대에 그대로 전해졌으면 우리는 커피를 구경하기 힘들었을지도 모른다. 이탈리아 만세!) 그렇게 에스프레소는 지금도 작은 커피잔에 진한 원액을 그대로 마신다.

세월이 한참 흘러 시애틀에서 자그마한 카페를 하던 한 관광객이 이탈리아에 들러 에스프레소가 나오는 과정을 유심히 쳐다봤다. 진한 에스프레소 원액 그 자체는 아침에 꼭 커피를 마셔야 하는 미국인들이 그다지 선호할 것 같은 맛은 아니었으며 위장에 좋아 보이지도 않았다. 대신 여기에 스팀을 넣어 가열한 부드러운 우유를 첨가하고 이탈리아식 표현을 넣어 '딱딱한 미국보단 부드러운 유럽'을 마케팅에 활용했다. 독자 여러분도 눈치채셨듯이 지금은 인어 로고가 박힌 굿즈마저도 패션 브랜드처럼 느껴지는 스타벅스 탄생의 모티브다.

커피라는 단어는 아랍어 '까흐와'에서 나왔지만, 커피 문화의 확산도 이슬람교와 밀접한 관련이 있다. 커피의 집산지 중 유명한 곳은 아라비아 남부 예멘에 있는 모카 지방이었다. 앞서 설명한 에티오피아 등지에서 낙타 등에 실려 예멘 등으로 보내졌다. 모카커피는 15세기경부터 이슬람 성직자들에게 큰 인기를 끌었다. 밤새 명상과 기도를 할 때, 커피는 잠을 쫓아주고 집중력을 키우는 최상의 음료였음이 분명하다. 커피는 이슬람 포교의 경로를 따라 널리 퍼져나갔는데 이슬람 신비주의 '수피교(sufism)'의 공이 지대했다.

"깨어나라, 아침이므로 아침의 포도주를 마시고 취할 시간이다. 잔을 벌리라, 영점한 아름다은 이가 왔도다."

수피교도 루미의 시와 함께 '아침의 포도주' 한 잔 어떤가?

10. 커피,
세상의 입맛을 지배하다

이제 커피는 유럽을 공략한다. 당시 오스만제국의 점령지였던 오스트리아 빈에 유럽 최초의 카페가 아르메니아 상인에 의해 문을 열게 되었다. 이 당시의 오스만제국은 세금만 잘 내면 굳이 점령지의 문화 등을 억압하지 않고 오히려 그들의 문화와 융합되는 것을 선호했다. 제국이라는 자신감과 자신들의 문화에 대한 자부심이 아주 강했던 듯하다.

비록 점령지였던 빈에서는 전쟁에서 지고 물러나야 했지만, 그들이 남기고 간 커피는 이후 전 유럽을 강타했다. 1652년 영국 런던에 파스카 로제 커피 하우스가 문을 연 것을 시작으로 1683년까지 런던에만 3,000개의 커피 하우스가 생겨났다. 이 숫자는 현재 한국의 가성비 좋은 커피 프랜차이즈의 점포 수와 맞먹을 정도로 엄청나다.

이탈리아 최초의 카페 플로리안이 성 마르코 광장에 문을 연 것도 같은 해였다. 베네치아에만 200개가 넘는 카페가 생겨났다. 유럽 카페의 명소 플로리안에는 명사들의 발길이 멈추지 않았다. 나폴레옹, 괴테와 니체, 영국 시인 바이런, 릴케와 찰스 디킨스, 모네와 마네 등이 단골이었다.

그러나 커피의 생산과 유통을 장악하고 있던 오스만제국의 무역 독점으로 인해 원두값이 계속 오르자 유럽은 새로운 공급처를 찾아 나섰다. 아랍 일대와 기후 여건이 비슷한 식민지들이 타겟이 되었고 남미와 인도네시아에서 커피 경작을 시작해 브라질, 콜롬비아, 베네수엘라부터 인도네시아 자바 섬까지 유럽으로 커피가 전달됐다. 그리고 당연하게도 커피 애호가들의 취향에 따라 블렌딩 기술도 발달하였다.

와인과 커피에는 사람들을 행복하게 하는 마법 같은 음료라는 공통점이 있다. 사람들은 커피를 마시면서 카페라는 공간을 만들어냈다. 영국의 템스 강 어귀에서 선박을 기다리던 사람들은 커피를 마시며 현장에서 무역 거래를 하곤 했다. 세계적인 보험회사 '로이드(Lloyd's)'는 이때 탄생했다.

카페의 역사가 미국에서 다시 한번 중흥기를 맞이하게 된다. 바로 1971년 미국 시애틀에서 스타벅스가 문을 열면서 새로운 커피 문화의 시대가 도래한 것이다. 벌써 50년도 전의 일이지만 아직도 스타벅스는 현대인의 입맛과 편리함에 가장 적합한 카페로 여겨진다. 그 이면에는 많은 카페들이 손님들의 회전율을 이유로 오랜 시간 동안 카페를 이용하는 학생들에게 불편함을 주지만, 스타벅스는 반대로 더 강력한 무료 인터넷 환경을 구축하고 충전이 가능한 테이블을 매장에 더 많이 설치했기 때문이다.

카페의 역사를 잘 모르는 사람들이 보기에는 이상하지만 카페의 본연의 업무였던 사람들이 모이는 공간, 계약도 체결하고 토론도 하던 사람들이 오래 머무를 수 있는 공간을 만든 스타벅스. 스타벅스는 아마 카페에 진심인 것이 아닐까?

11. 커피의 과거와 현재
   그리고 앞으로의 전망

우리는 커피라고 하면 보통 아메리카노를 떠올린다. 아메리카노란 에스프레소 머신에서 추출한 에스프레소에 물을 1:2~2:3의 비율로 섞어 마시는 것을 뜻한다. 에스프레소와 물 중 어느 것을 먼저 넣어야 하는지에 대한 논란이 있지만 보통 먼저 에스프레소를 추출하고 물을 따라야 크레마가 섞여 더 부드럽고 고른 맛을 즐길 수 있다고 한다.

SNS를 보면 '이탈리아 사람 열 받게 하기'라는 쇼츠가 있다. 이탈리아의 한 카페에서 주문한 에스프레소를 바리스타 앞에서 뜨거운 물을 담은 자신의 텀블러에 에스프레소를 부어버리는 영상이 나온다. 그 광경을 보곤 바리스타는 손님을 어처구니없이 바라보며 손님에게 카페에서 당장 나가라고 소리친다. 그들의 커피 사랑이 얼마나 대단한지, 한편으론 얼마나 편협한지 알 수 있는 장면이다. 우리나라 사람도 외국인이 식혜에 콜라를 부어 마시면 소리를 지를까? 나는 우리나라 사람들은 그냥 허허 웃고 말 것이라고 확신한다.

아메리카노의 기원은 제2차 세계대전에서 찾을 수 있다. 당시 추축국(독일, 일본 그리고 이탈리아 삼각동맹)의 일원이었던 이탈리아가 미국에 항복하고 미군은 이탈리아에 주둔하게 되었다. 당시 미국은 분쇄한 원두를 필터에 올려 뜨거운 물에 내려 마시던 핸드드립 커피를 마시고 있었다. 하지만 그들이 즐겨 마시던 핸드드립 커피를 이탈리아에서는 찾을 수가 없었다. 그래서 궁여지책으로 갓 내린 에스프레소에 뜨거운 물을 타서 마시기 시작했는데 이게 요즘 우리가 마시는 아메리카노가 되었다는 설이다. 그때 당시 대전에서도 패하고 그들의 커피까지 모욕당했다는 생각이 뇌리에 강하게 남아 있는 이탈리아 사람들은 지금까지도 아메리카노를 커피로 취급하지 않는다.

그런데 어떻게 커피의 변방인 미국의 커피들이 전 세계를 주름잡게 되었을까? 그들은 커피를 그냥 음료로만 보지 않고 잠재력이 있는 산업으로 생각했기 때문이다. 전 세계적으로 1,000억 달러 이상의 가치가 있는 산업으로 원두의 수출액만 놓고 보면 200억 달러에 달하며, 매년 평균 5,000억 잔의 커피가 지구상에서 소비되는 등 계속 증가하고 있다.

커피 산업은 연평균 5.5%라는 상당히 높은 성장률을 보이고 있으며, 커피는 거의 전적으로 개발도상국에서 생산되고 있다. 이 중 남아메리카는 최대 커피 생산국으로 브라질이 약 4,320만 봉지의 커피를 생산하고 있다. 이는 매년 전 세계에서 생산되는 총 1억 5,893만 봉지의 커피 중 약 27%에 해당하는 어마어마한 양이다.

커피 산업의 주요 소비자 인구 통계는 19세에서 34세 사이의 사람들을 대표하며, 2000년 이후에 탄생한 밀레니얼 세대의 소비가 거의 10% 증가함에 따라 커피 시장의 성장세는 증가 일로에 있다. 특히 중국의 성장세가 가파른데 미국과 함께 커피 산업의 성장을 이끄는 쌍두마차의 대표격이다.

그 밖에도 파나마, 케냐, 세네갈 등의 커피 산업 성장세도 우리는 눈여겨봐야 한다. 틈새 커피 전문점은 이들 국가의 소매업에서 계속해서 입지를 굳혀가고 있다. 특히 미국의 경우, 커피 산업이 미국 전체 GDP의 1.6%를 차지하며, 소비자는 커피에 742억 달러 이상을 지출했고, 커피 산업은 미국에서만 거의 200만 개의 일자리를 만들고 있다.

커피를 가장 많이 소비하는 국가는 대부분 유럽으로, 네덜란드가 1인당 260.4리터, 핀란드 184.9리터, 캐나다 152.1리터, 스웨덴 141.9리터 순이다. 커피 시장에서 가장 눈에 띄는 기업으로는 J.M. Smucker Company(미국), Kraft Heinz Inc.(미국), Starbucks Corporation(미국), Nestle S.A.(스위스), 그리고 던킨도너츠(미국) 등이 있다.

앞서 본 것처럼 전 세계를 주름잡는 커피 회사들은 대부분 미국에 본사를 두고 있다. 커피 산업이 진작 돈이 될 것을 알아본 미국인들의 안목은 정말 대단하다. 결론적으로, 커피 시장은 현재 전 세계 경제에서 상당한 성장을 하고 있으며, 도시화의 증가와 빠르고 품질이 좋은 제품에 대한 수요가 확장을 촉진하고 있다. 향후 5년 동안 이 시장은 계속 팽창할 것으로 예상되므로 수익을 창출할 수 있는 여지가 충분하다.

향후 전 세계 사람들은 커피라고 하면 무엇을 떠올릴까? 분명 이탈리아의 에스프레소를 떠올리는 사람들도 있을 것이지만 아마도 대부분은 아메리카노를 떠올리지 않을까 한다. 요즘의 외식 흐름은 뭐든 쉽게 주문하고 쉽게 먹거나 마실 수 있는 것들이 대세이기 때문이다. 이탈리아 사람들에게는 조금 미안한 감이 있지만, 에스프레소처럼 접근하기가 조금 힘든(?) 커피들은 애호가 아니면 지역 사람들의 전유물이 되지 않을까 한다. 터키식이나 에티오피아 전통 커피가 커피의 역사에는 기록되면서도 세계화되지 못한 것처럼 말이다.

커피가 그리워지는 것을 보니 벌써 가을이 성큼 다가온 것 같은 기분이 든다.

12. 미국 MZ세대가
　　사랑하는 음료, 보바티

'보바티(Boba Tea)'는 버블티, 블랙펄 아이스티, 타피오카 드링크 등 여러 이름으로 불리고 있다. 하지만 요즘 미국에서는 보바티로 이름을 통일하는 추세다. 2000년대 초반부터 미국에서 유행하기 시작했던 보바티는 1980년대 대만에서 타피오카 밀크티라는 이름으로 처음 만들어졌다.

금세 한, 중, 일 등 아시아권을 중심으로 급속히 퍼지더니 지금에 와서 미국의 MZ세대들마저 흠뻑 빠지게 만들었다. 부드러운 밀크티를 베이스로 쫄깃한 타피오카볼(보바볼)이 바닥에 깔리고, 각종 시럽을 추가해 단맛을 더한 보바티는 MZ세대들에게 선풍적인 인기를 끌었다. 고등학교에 다니는 내 조카도 보바티를 좋아하다 못해 사랑하고 있다.

하지만 이런 보바티에도 위기가 있었는데 한잔의 음료에 너무 높은 칼로리가 함유되었기 때문이다. 미국의 저명한 매체들에서 보바티에 들어가는 당분의 함량과 칼로리에 대해서 기사화하면서 보바티에 대한 경계론이 커졌다.

달콤한 밀크티에 각종 시럽과 타피오카로 만들어진 보바볼은 드링크 메뉴에 따라 천차만별이지만 보통 500~1,000칼로리를 함유하게 된다. 물론 저지방 우유에 무설탕 시럽을 쓰면 칼로리는 낮아지지만, 특유의 부드러운 단맛이 특징인 보바티를 그렇게 즐기는 사람은 별로 없다. 그래서인지 2010년대에 많은 수의 보바티 프랜차이즈들이 장사를 접었다. 하지만 그렇게 잠깐의 부침이 있을지언정 유행은 다시 돌고 돌아 지금에는 다시 붐이 일어나고 있다. 특히 아시아권 커뮤니티를 중심으로 말이다.

미국의 학생들이 보바티를 들고 길거리를 활보하거나 쇼핑몰에서 이 음료를 마시며 자기들끼리 떠들며 노는 것은 더 이상 보기 드문 광경은 아니게 됐다. 그리고 SNS에 셀럽들이 보기에도 화려한 (음료로 보기에는 너무 과한 듯한) 보바티를 마시는 사진과 영상들은 그들의 구매 욕구를 자극하기에 충분했다.

그리고 여기에 한 가지 더 결정적으로 보바티 유행을 가속화시킨 것은 음료인데도 배달이 된다는 것이다. 보바티는 플라스틱 컵에 뚜껑을 비닐로 실링을 하고 두툼한 빨대와 같이 제공되는데 이렇게 하면 운반하기가 쉬워진다. 그 덕분에 집에서 배달시켜 마실 수 있는 음료가 된 것이다. (한국에서는 이게 뭐가 특별한가 하고 생각할 수도 있지만 미국은 한국의 포장 기술을 따라가려면 한참 멀었다.)

특히 팬데믹에 보바티 매장의 성장은 엄청났는데 배달 앱의 음료

섹션에 보바티 전문 매장의 수가 80% 이상을 차지할 때도 있었다. 그렇게 보바티는 팬데믹으로 화려한 부활의 신호탄을 쏘아 올리고 새로운 음료 산업의 주류가 되었다.

팬데믹 얘기가 나와서 말인데 이런 보바티도 성장세가 잠깐 주춤했었을 때가 있었다. 바로 미국 서부 항만 노조의 파업과 구조조정으로 인해 미국에 물류 대란이 일어났었기 때문이다. 미국 수출입 물동량의 거의 절반을 차지하고 있던 LA 지역에 있는 LA항과 롱비치항에 위기가 찾아왔다. 팬데믹으로 인해 물동량이 급격하게 줄어든 것이다.

이에 항만운영사들은 구조조정으로 대응했고 많은 수의 항만 노동자들이 불문곡직하고 직장을 떠나게 되었다. 그런데 여기서부터 문제가 터지기 시작했다. 물동량이 준 것은 맞지만 그렇게 유의미하게 준 것은 아니었기 때문이다. 그냥 항만 공사에서 팬데믹 초기에 지레짐작하고 선제적으로 구조조정을 단행해버린 것이다.

미국에서는 대부분의 생활필수품이 중국 등 아시아를 통해 들어온다. 게다가 이들 수입품은 거의 서부 항만으로 들어온다. 그런데 이 중요한 항만의 노동자들을 월급 몇 푼을 아끼자고 정리해고를 해버렸으니 예고된 재앙의 시작이었다. 마스크, 주사기와 방역복 등 팬데믹에서 가장 중요한 역할을 하는 방역 물자들을 가득 실은 배들이 항구에 속속 들어왔다. 하지만 항만 부두에는 노동자들이 거의 없어서 하역 작업의 속도가 평소에 비해 너무 느렸다. 많은 수의 배들은 하역을 못 하고 부두에서 하염없이 대기만 하고 있게 되었다.

설상가상으로 생활필수품을 가득 실은 다른 컨테이너선들도 계속 들어왔으나 그들은 부두에 접안도 못 한 채 근해에서 자신의 차례가 오기까지 하염없이 기다려야 했다. 길게는 6개월 이상을 대기한 배들도 있었다. 이때 미국의 요식업체들도 많은 타격을 받았다. 특히 아시아권 레스토랑들이 많은 타격을 받았는데 우리 레스토랑도 마찬가지였다. 게살, 가리비, 생선 같은 일식의 필수 식재료들이 늦거나 변질된 채로 들어왔기 때문이다.

보바도 마찬가지로 대란이 일어났다. 카사바라는 열대식물의 뿌리에서 채취한 타피오카를 동글동글하게 만들어진 보바는 보통 건조된 상태로 유통된다. 그런데 미국 전역의 물류 대란으로 인해 보바티의 주재료인 타피오카볼의 재고가 동이 난 것이다.

실제로 우리 가게 주변의 보바티 전문 매장들의 주인이며 매니저들은 타피오카볼을 구하기 위해 필사적으로 돌아다녔는데 운이 좋은 몇몇을 빼곤, 아마존이나 이베이에서 평소 몇 배에 달하는 웃돈을 주고 구입하는 게 대다수였다. 심지어 움직임이 느렸던 몇몇 매장들은 이마저도 구하지 못해 타피오카 볼이 빠진 음료만 팔게 되었다.

그렇게 거의 1년 동안 이뤄진 물류 대란은 하역 작업에 군대를 투입한 정부의 노력과 항만 업체와 노조 간의 타협으로 인해 조금씩 정상화를 이루어 갔다. 하지만 서부 항만의 물류 대란으로 인해 큰 손해를 보게 된 화주들은 이제는 서부 대신 동부의 항만으로 서서히 화물을 빼고 있는 실정이다.

한때 나도 주변 지인들과 보바티 사업에 뛰어들까 고민을 한 적이 있었다. 밀크티 대신에 한국의 믹스커피를 이용한 보바티를 말이다. 그때 당시 유행했던 달고나커피와 함께 K-음료를 팔 카페를 만들고자 의기투합했었지만, 샌프란시스코 경기가 안 좋아지면서 잠시 미뤄두었다. 내가 만든 K-음료가 미국 MZ세대들이 선호하는 제2의 보바티가 되기를 바라며….

13. 셀처, 세계의 맥주 판도를
   바꿔버리다

　수년 전부터 미국의 주류 시장에 큰 변화가 생겼다. '하드 셀처(Hard Seltzer)'로 불리는 소량의 알코올과 각종 과일 향이 첨가된 탄산수 때문에 이미 미국 앤하이저-부시처럼 유명한 맥주 회사도 영원할 것만 같았던 시장을 내주고 있다. 우리가 쉽게 들어본 버드와이저, 호가든, 코로나, 스텔라 아르투아처럼 200여 브랜드 맥주를 제조하는 회사인 앤하이저-부시에도 비상등이 켜졌다.

　하드 셀처의 첫 모금은 신선함 그 자체다. 흔히 무알코올 청량음료를 '소프트(Soft)' 드링크라고 말하는데, '하드(Hard)'에는 '알코올'이란 뜻이 담겨 있다. 하지만 하드 셀처는 다소간의 알코올이 들어갔을 뿐 '하들 리커(Hard Liquor)'에 해당하는 양주와는 전혀 다르다.

　미국의 MZ세대들은 요즘 맥주나 양주 대신 하드 셀처를 마시는 게 일상적이다. 캔당 100칼로리 수준의 열량은 일반 맥주의 절반 수준으로 입가심이 깔끔하다. 젊은 층에서는 콜라나 사이다처럼 설탕이 너무 많이 든 탄산음료보다 셀처 한두 개를 즐기는 게 일상이 되었다. 음주 측정에 대해 비교적 자유로운 미국의 방식에서 셀처 한 캔은 무난하다.

우리가 콜라 하면 펩시보다는 '코크(Coke)'를 먼저 떠올리듯 미국에서 셀처 하면 압도적으로 '화이트 클로(White-Claw)'를 꼽는다. 60%가 넘는 시장 점유율 덕분에 화이트 클로는 가히 넘사벽이다. 미국의 마크앤써니에서 출시한 브랜드인데, 보스턴 비어의 '트룰리(Truly)'라는 셀처가 이를 뒤쫓고 있다. 이 둘의 시장 점유는 당분간 계속될 것 같다.

선진국을 중심으로 현대인들의 알콜 소비량은 계속 감소하고 있는데 유일하게 성장하는 분야가 바로 셀처 마켓이다. 이 셀처 시장은 '건강히 마시고 싶다'는 현대인들의 욕망이 잘 숨겨져 있다. 비타민 성분을 첨가한다든지 천연 과일 원액을 넣고 향을 첨가한다든지 해서 계속 발전하고 있다.

밀가루 성분에서 자연스레 나오는 단백질인 글루텐 알러지 때문에 고생하는 미국인들이 의외로 많다. 그래서 맥아로 만든 맥주를 못 마시는 이들도 있다. 이들에게 사탕수수에서 추출한 성분으로 만든 술인 셀처는 안성맞춤 대안인 셈이다.

이미 셀처는 우리나라 주류회사에서도 출시할 정도로 전 세계적으로 가볍게 알코올을 즐기는 사람들의 대세 음료로 굳어가고 있다. 여기에는 각종 과일 향이 다양한 입맛을 맞추고 골라 먹는 재미를 느끼게 하는 마케팅 전략이 주효한 듯싶다. 한국과 마찬가지로 요즘 미국의 MZ세대들에게 독한 술은 그다지 인기가 없다. 요즘 음주 트렌드는 술을 마시기는 하지만 취하지 않게 가볍게 마시며 향을 즐기는 그런 분위기로 가고 있다.

미국에서 셀처는 Ready to Drink라는 칵테일의 한 종류로 취급받고 있다. 2022년도 통계자료를 보면, 주류 구매자의 무려 47%가 Ready to Drink 칵테일을 구매했으며 그중에서도 42.8%가 셀처를 구매해 즐겼다. 어떻게 보면 우리나라의 가향 소주들도 이런 카테고리에 들어간다. 물론 셀처보다는 알코올 함량이 많지만 마시기 쉬운 소주의 목 넘김에 달콤한 향을 가미했기 때문이다. 그리고 이런 타게팅은 현재의 유행에 부합해 지금 한국의 향 첨가 소주들은 미국에서도 선풍적인 인기를 이어가고 있다.

나는 주로 열대과일 향이나 수박, 멜론처럼 시원한 느낌의 셀처를 선호한다. 특히 열대과일 향은 무화과, 복숭아, 망고처럼 과일 안주와도 잘 어울린다. 셀처를 시켜놓고 기름진 튀김 요리 안주를 주문하는 사람은 별로 많지 않다. 와인과 요리를 페어링하듯, 셀처도 자연스럽게 페어링이 된다.

셀처는 해산물 안주와도 잘 어울린다. 칵테일 새우에 레몬을 짜서 토마토 페이스트리 소스에 찍어 먹어도 맛있다. 코스트코에서 신선한 새우 칵테일을 사서 집에서 부담 없이 먹을 수 있다. 남으면 나중에 새우가 들어간 샐러드 요리를 먹어도 좋으니 말이다. 하나의 상품이 출시되면 요리의 세계에서는 파급효과가 매우 크다. 문화가 창조되기 때문이다. 셀처와 어울리는 한식 메뉴를 개발해본다면 또 다른 시장을 개척할 수 있을 것 같다.

미국은 계속 음식 문화가 새롭게 형성되는 거대한 시장이다. 이 시쟁을 두려워 밀고 미국의 개척 시대에 밀을 딜러 깃빌을 꽂은 민큼 가져갔던 그러한 기백을 누리기 바란다.

에필로그

당신의 아메리칸 드림을 응원하며

나는 여전히 무언가 읽는 것을 좋아한다. 쇼핑하는 도중 잠깐 시간이 나거나 직접 물건을 사러 와서 계산대에 서 있는 와중에도 꼭 무언가를 꺼내놓고 읽는다. 자투리 시간이 날 때마다 그런 듯싶다. '활자 중독'이라는 말을 어디서 얼핏 들은 것 같은데 중독 중에는 가장 좋다고 들었다. 나는 그저 읽는 게 즐겁다.

어려서 동화책 전집과 위인전을 읽고도 배가 고픈 시절이 있었다. 그때 당시 방문 판매로 집집이 책을 팔러 오시는 아저씨가 우리 집을 방문할 때면 엄마에게 책을 사달라고 조르곤 했다. 당시 책값이 얼마나 비싼 것인지도 알지 못한 채 말이다.

중고등학교 시절에 『영웅문』을 보지 않았던 40대 남자들은 드물 것이다. 그러다 한국식 판타지 문학, 근대 문학에도 눈을 떴다. 대학 시절에는 재미는 없지만 어쩔 수 없이 읽어야 하는 전공 서적들을 읽었다. 요리책들은 사진이 많아 쉬워 보일 수도 있지만, 이탈리아,

프랑스처럼 유럽의 언어를 그대로 번역한 경우가 많아 오히려 딱딱한 번역체와 지루하기만 한 문장의 나열로 인해 더 난해하기도 했다. 지금도 나는 기회가 될 때마다 이것저것 다양한 부류의 책들을 읽고 있다.

그런데 읽는 것과 쓰는 것은 달랐다. 나에게 "책을 한번 써보는 게 어때요?" 하며 말을 꺼낸 소중한 삶의 동반자인 아내 오소영 그리고 아빠가 옆에서 책을 쓸 때 동화책을 함께 읽던 두 딸 라은이, 가은이에게 고마운 마음을 전한다. 이렇게 우리 가족들의 응원과 격려에 힘입어 이 책이 세상에 나오게 되었다.

나름대로 원고를 읽어보고 수정하며 최대한 읽기 편하게 많은 정보를 독자분들께 드리고자 노력했으나 첫술에 배부를 수 없다는 것을 안다. 하지만 이 책이 누군가에게는 미국을 두려워하지 않게 도움이 되고 비록 지금 당장은 힘들어도 희망이 있다는 것을 깨닫는 데 조금이나마 힘이 될 것이라고 확신한다. 궁금한 점이 있는 독자분들은 언제든 나에게 연락주시길 바란다.

샌프란시스코의 어느 서늘한 밤에
황 익 주

쉐프 아이크 황의
시선으로 바라본 미국

초판 1쇄 발행 2024년 03월 05일

지은이 황익주
펴낸이 김영기

제작 도서출판 렛츠북

펴낸곳 브레인플랫폼(주)
주소 서울특별시 서초구 법원로3길 19, 2층 (서초동)
등록 2019년 01월 15일 제2019-000020호
이메일 iprcom@naver.com

ISBN 979-11-91436-31-0 13320

＊이 책은 저작권법에 따라 보호를 받는 저작물이므로 무단전재 및 복제를 금지하며,
이 책 내용의 전부 및 일부를 이용하려면 반드시 저작권자와 브레인플랫폼(주)의
서면동의를 받아야 합니다.

＊잘못된 책은 구입하신 서점에서 바꾸어 드립니다.